從一國歷史
預視世界
的動向

美國是什麼樣的國家？

極簡 美國史

閔真興
Seki Shinkoh

楓樹林

前言

美國是什麼樣的一個國家？

和日本關係密切的美利堅合眾國，從正反兩方面來看，都是世界霸主，這是任何人都無法撼動的事實。不過這個國家的歷史其實還不到二百五十年。

意外地，有許多人不知道美國為什麼可以如此壯大。也有人提出「美國和日本打過仗，甚至還曾在日本投下原子彈，那雙方關係是如何加深的？」、「美國的民族和文化與日本完全不同，它到底是什麼樣的國家？」等疑問。因此，本書針對好奇「美國是什麼樣的國家」的人，以通俗易懂的方式來介紹美國歷史。老實說，就連我自己過去也不太擅長美國史。其中一個原因，是因為教科書上對於美國的說明都只有斷斷續續的篇幅，導致我沒辦法完整看清美國這個國家（也沒辦法對照日本歷史）。所以這次我把重點放在「美國經歷過什麼樣的歷史背景，才會發展成現在這樣」。如果本書內容可以回應大家的期待，我將備感榮幸。

關真興

歷史冷知識！

美利堅合眾國的4大祕密

為剛接觸美國史的你，介紹意想不到的事實！

Secret 1
華盛頓曾表示「外交上要避免捲入戰爭」！？

美國在多次的戰爭中逐漸擴大領土。不過美國第一任總統華盛頓曾主張：「不該跟他國結盟，外交上要避免捲入戰爭。」

→詳情請參照 **56** 頁

不要參與
戰爭比較好

Secret 2
和拿破崙進行土地買賣，國土面積倍增！

美國獨立時的領土只有東岸的十三州。不過在跟拿破崙購買路易斯安那後，美國國土面積一口氣增加了好幾倍。

→詳情請參照 **60** 頁

要不要買下
路易斯安那？

Secret 3

哈佛大學曾是培養神職人員的學校！

在世界各地皆具有「權威」的哈佛大學，其實是為了培養神職人員才在殖民地時代創建的。

→詳情請參照 **21** 頁

Secret 4

美元的起源是西班牙？

曾是英國殖民地的美國，為何會和西班牙的「dólar」扯上關係呢？其實dólar是現今美國貨幣「美元」的起源。

→詳情請參照 **52** 頁

接下來，就讓我們一起探索美國史吧！

目錄

chapter 3 成長、擴大的合眾國

chapter 4 南北戰爭和奴隸制度

<自由女神像>

1886年，法國為了紀念美國獨立100週年所捐贈的。

chapter 7 冷戰和越戰

祕密專欄

＜拉什莫爾山的雕像＞

雕刻在南達科他州基斯通拉什莫爾山上的4位總統半身胸像。歷經14年才雕刻完成。由左到右依序為華盛頓、傑佛遜、老羅斯福、林肯。

本書中會以「英國」、「義大利」等現代的國名稱呼各國。有時也會根據內文使用當時的國名，例如「俄羅斯帝國」。

序章

發現新大陸？

在眺望大海時，遠方海面上會先出現船桅，之後才會看到整艘船。歐洲人看到船體從一個小點逐漸變大，開始思考地球是圓形的可能性。

如果地球是圓的，從歐洲出發往西穿越大西洋，應該會抵達「香料」的產地印度——這是在開啟大航海時代前不久提出的假設。

十三世紀，曾旅行至中國的威尼斯商人馬可・波羅，在回國後撰寫了《馬可・波羅遊記》一書。日本在書中作為「黃金之國Cipangu」登場。歐洲人藉由本書想像遠東國家和當地人的模樣時，激發出前往冒險的慾望。

不過，由於十五世紀的西亞一帶是由伊斯蘭教國家——鄂圖曼帝國統治，增加了從歐洲徒步到東方的難度。因此，歐洲人開始認真思索從其他路線前往亞洲的方法。

於是，他們將注意力轉向橫渡大西洋，繞過非洲大陸南端的航行路線上。

當時的歐洲國家都在加強王權，尤其是西班牙、英國和法國。要維持支撐王權的軍隊和官員，需要大量的金錢。國王採取以貿易獲取利潤的政策，振興國內的產業。在國王尋找購買國內自產商品的貿易夥伴時，冒險家提出獲取新領土的計畫。

絲綢、香料等來自中國和印度的商品，要在埃及和西亞伊斯蘭各國與義大利商人交易才能取得。但是，十五世紀的義大利小國林立，內部混亂分裂，因此冒險家向西班牙國王等人，請求前往亞洲的資金援助。

正因為歐洲這樣的政治經濟環境，一四九二年八月，熱拿亞（義大利的其中一個國家）人哥倫布才得以在西班牙女王伊莎貝拉一世的支持下出海航行。

哥倫布深信經過七十天的航行抵達的地方就是印度，沒設想過行經的路上可能會有其他的大陸。這點從他稱呼在那裡遇到的人為Indio（西班牙語，英語為Indians，中文則是印地安人）就能看得出來。

Indio（後統一以「印地安人」稱呼）是大約二到三萬年前來到新大陸（美洲大陸）的人們所延續下來的後代。地球冰河期，亞洲大陸和美洲大陸藉由白令海峽海面下降後袒露出的陸地相互連接。當時可以從現在的西伯利亞徒步至阿拉斯加州，人類因為好奇心的驅使，冒險走向大陸的另一端。

此外，遠渡到美洲的人們，在西元前一萬二千年左右，還進一步抵達南美洲、智利南端附近（有各種說法）。

哥倫布上岸後向印地安人索取金銀，但那個地方根本就沒有金銀，哥倫布因此大發雷霆，便虐待並殺害印地安人。事實上，現在已經愈來愈多人不以「發現者」稱呼哥倫布，而是稱之為「虐殺者」。

繼哥倫布來到新大陸的部分人們，因為經營甘蔗種植園（大型農場）和開發銀山，獲得極佳的成果。而印地安人則由於被當作勞動力任意驅使，導致人口銳減。

之後為了補足勞動力，從非洲引進黑人，此情況一直持續到十九世紀。這就是現今美洲有許多黑人的主要原因。

在那些跟隨哥倫布腳步的人們持續探索新大陸的過程中，更進一步發現了西邊的廣袤大海（太平洋）。於是有人開始覺得：「現在我們所在的地方不是印度，而是未知的大陸

當時的日本

哥倫布抵達美洲的三年後，也就是1495年的日本，北條早雲攻占了小田原城。室町時代的末期，實際上已經進入戰國時代。五十年後，葡萄牙的船隻漂至種子島。戰國時代的日本也慢慢地成為「全球化」的一員。

吧？」直到探索到南美洲大陸後，才確定這片大陸是「新大陸」。

十六世紀初，這片新大陸以義大利探險家亞美利哥・維斯普奇的名字來命名，標記為「亞美利加」（也有其他不同的說法）。

一五一九年，葡萄牙的航海家麥哲倫率艦隊朝南美洲的南方前進，穿越南端的海峽後橫渡太平洋。這個海峽之後被稱為麥哲倫海峽。

艦隊從西班牙出發，航行二年後抵達菲律賓。身為基督教徒的麥哲倫，為了感謝神讓他在遭遇暴風雨後還能平安地在海上航行，於是將這片海域命名為「太平洋」。

麥哲倫是在西班牙王室的支持下才得以航海，因此菲律賓成了西班牙的領地。之後他在和當地人爭執的過程中遭到殺害，但艦隊還是於一五二二年回到西班牙。就這樣，在歐洲人的船隻不斷往西前進的過程中，驗證了地球是圓形的事實。

chapter 1

殖民地時期

美國曾經是殖民地

現在的美國確實是國際社會上的主要領導者，但在距今大約二百五十年前，美國還只是英國眾多殖民地的其中一個。本書將這個時期定為美國歷史的開始。

簡單來說，殖民地就是「海外的領土」。十七世紀，英國在北美洲的東海岸進行殖民統治。

在哥倫布成功發現新大陸後，葡萄牙、荷蘭、瑞典、法國和英國等國都紛紛前往新大陸。然而，尋找適合移居的地點要花費許多金錢，提供所需費用的是國王和資本家（有錢人）。而且管理移居地的過程未必都很順利，因此，美洲大陸的殖民地是在艱苦中建成的。

英國的初期殖民地中，最知名的是以童貞女王伊莎貝拉一世命名的維吉尼亞殖民地（譯注：童貞的英文為virgin。維吉尼亞的英文Virginia有處女地之意）。其實英國在十六世紀後半葉就開始建造殖民地，但最初的殖民者全都下落不明，只好先暫且放棄。一六〇七年再次開始建立殖民地時仍然很艱辛，最後幫助殖民者適應生活的是印地安人。

經過十年的時間，隨著成功栽培出香菸，殖民地的經營終於步上軌道。之後因為印地安人發動叛亂，黑人開始作為奴隸被帶到英國殖民地。

當時有大批的英國人不喜歡國王的宗教政策，因而移居到英國殖民地。之所以會出現這種情況，是由於許多歐洲國家的國王強迫國民信仰基督教的某個教派。

英國公認的宗教非常複雜。在教會祈禱時，是遵循天主教的方式，但卻是使用採納喀爾文教派的英國國教會的教義。這讓天主教和喀爾文教派的信徒都沒辦法接受。

尤其喀爾文教派信奉的是「由神來決定死後是要去天堂還是地獄」。因此，對他們而言，到教堂祈禱上天堂並沒有任何意義，人所能做的就是遵從神的教誨，不起貪欲，做好神給予的工作。他們堅信只要這樣就能獲得拯救，也就是說，喀爾文主義信徒並不承認教會的權威。

喀爾文教派的信徒稱為清教徒。以清教徒為主的一百多人在一六二〇年前往新大陸。因為上岸地點而得名的普利茅斯殖民地，將成為美國的傳奇之地。

普利茅斯的清教徒在開始建造新殖民地時自行成立政府，並宣示要以多數決來管理大小事。儘管有半數的人無法撐過第一個寒冬，剩餘的人仍不屈不撓地開墾。他們的努力不懈，在之後的獨立戰爭中成為殖民地人民的精神支柱。

了解宗教和殖民地的關係

說到「美國具代表性的都市」，通常都會聯想到舊金山、洛杉磯、紐約或華盛頓。事實上，美國的獨立故事是始於位在東海岸北部，因為馬拉松和波士頓紅襪棒球隊而聞名的波士頓。

開始殖民普利茅斯的十年後，也就是一六三〇年，英國人在波士頓的麻薩諸塞灣建立殖民地。移居到這裡的人大部分都是清教徒。曾為殖民地建設者的溫斯羅普，其目標是創造出以清教徒為主的社會。

現今廣為人知的哈佛大學，也位於波士頓的近郊。哈佛大學創建於殖民地建立的六年後，最初是設立來培養麻薩諸塞灣殖民地的神職人員。波士頓區在這個時期帶著濃厚的清教徒信仰色彩，並不承認其他信仰。

也有和麻薩諸塞灣殖民地成鮮明對比，主張信仰自由的殖民地，例如東北部的賓夕法尼亞省。

賓夕法尼亞殖民地是由基督新教貴格會教派的教徒威廉・佩恩所建立。貴格意為「顫抖的人們」，因為虔誠

當時的日本

哈佛大學成立的時候，日本正處於江戶時代。1635年德川幕府第三代將軍德川家光將參勤交代制度化，要求眾地方大名履行每隔一年就要往返領國和江戶的義務。不只旅費，地方大名還被迫負擔街道的整頓費、維持管理江戶藩邸的費用等。

到只是聽到神的名字就不禁顫抖而得名。

佩恩提倡人人都要勤勉、誠實、節儉，讓以此精神向外開放的賓夕法尼亞省，成功取得經濟發展的成果。

此外，賓夕法尼亞省旁邊的馬里蘭省，是由飽受英國迫害的天主教徒所創建的。馬里蘭（Maryland）這個地名是以強迫國民信奉天主教的瑪莉（Mary）一世女王的名字命名的。雖說馬里蘭省保障宗教自由，但清教徒的湧入反而引起混亂。

現今的美國仍延續著遠渡到麻薩諸塞灣殖民地和賓夕法尼亞省的人所帶來的精神。例如新總統在就職典禮上，將手放在《聖經》上宣誓的行為，可說是源自清教徒的美國象徵。

十三殖民地

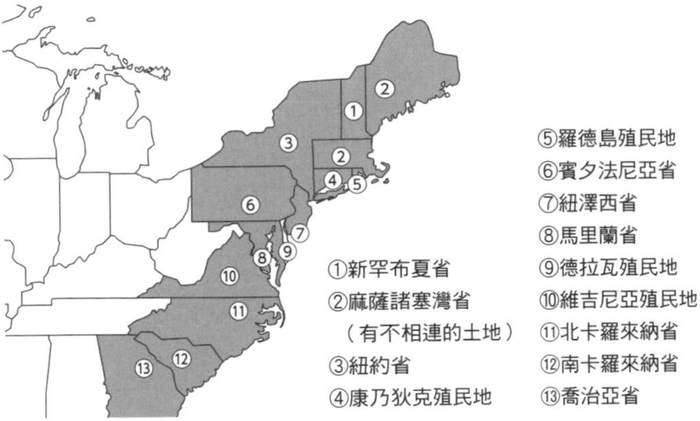

圍繞著十三殖民地的世界

綜觀世界歷史，會發現引發戰爭的原因大多都是領土，許多國家的邊境都烙印著戰爭的歷史。

哥倫布等冒險者開啟大航海時代後，在占有發現地點的權力上，形成了一個原則：「沒有所有者的土地，屬於最先宣布占領的國家」也就是「先發現先贏」的意思。

這是歐洲人擅自訂下的規則，完全沒有考慮到原本居住在那裡的人。這份傲慢持續到後代，連亞洲和非洲也被他們任意瓜分。

在美洲大陸上，也持續上演各國相互奪取殖民地的戲碼。舉例來說，現今美國最大的都市紐約，原本是荷蘭的殖民地，英國卻向那裡伸出魔爪。英國當時正和荷蘭爭奪貿易特權，為了國家的發展，英國認為最好的方式是將荷蘭趕出美洲。英國在一六五一年通過航海法案，禁止和荷蘭的商船進行貿易。

憤怒的荷蘭因此和英國發生三次衝突。期間，荷蘭被迫將賓夕法尼亞省和麻薩諸塞灣殖民地之間的殖民地新尼德蘭轉讓給英國。之後英國將新尼德蘭的主要都市新阿姆斯特丹更名為紐約，此名稱沿用至今。

英國殖民地逐漸增加，在一七三二年建立喬治亞殖民地後，形成美洲東海岸的十三殖民地。這些殖民地將在未來作為美利堅合眾國獨立。

除此之外，也有發生歐洲戰爭波及美洲大陸的情況。一七五六年引發的七年戰爭，在英國殖民地稱為英法北美戰爭。在這場戰爭中，印地安人援助有貿易關係的法國攻打英國。

在戰爭中獲得勝利的英國，和法國簽訂議和條款後得到新的殖民地。而且不只是美洲大陸，連印度等地的殖民地都跟著增加。

敲詐殖民地的殖民國

殖民地的人民中也有富裕階層，但大部分的農民和商人，手頭並沒有寬裕到足以支付稅金。英國為了發展殖民地，並沒有嚴格向人民徵稅，此政策稱為「有益的忽視」。不過，在世界各地經營殖民地，自然就必須花費大量的金錢來維持。因此，英國決定從美洲殖民地獲取這些費用。

一七六四年，英國制定《食糖法》（正式名稱為《美國稅收法》）。這是一項以砂糖為首，對從殖民地進口的商品徵收高額關稅的法律。《食糖法》造成殖民地的物價飛漲，人民的生活苦不堪言。殖民地的人民為了抗議，展開不購買進口商品的運動。

隔年，英國通過殖民地地區所有出版印刷物都必須蓋上印花的印花稅法，導致殖民地人民不得不購買蓋有印花的紙張。由於制定這條法律時並未徵得殖民地人民的同意，他們堅持表示「無代表，不納稅（沒有必要遵從沒有殖民地代表出席的議會所決定的稅賦）」，並展開更加激烈的抗議。

英國政府害怕引起混亂，於一七六六年廢除印花稅法。

第二年，英國制定《湯森法案》，對玻璃、茶葉等徵收稅賦。殖民地的不購買運動再次延燒，最後只好廢除茶葉稅以外的稅賦。

這些稅賦法案同時也引發了反抗事件，

英國士兵向在波斯頓群聚抗議英國駐軍的民眾開火，造成五人死亡。

後來，英國議會在一七七三年頒布《茶葉法案》。此《茶葉法案》使英國壟斷殖民地的茶葉市場，抱有不滿的人跑到抵達波士頓港的英國船隻上，將茶葉搗毀、傾倒在港口內，史稱「波士頓茶葉事件」。

英國對此採取嚴厲的處理方式，例如下令關閉波士頓港、限制麻薩諸塞灣省的自治權等。次年，英國單方面通過一系列法案，殖民地人民稱之為「不可容忍法令」。同年，加拿大的魁北克地區承認天主教信仰，讓害怕天主教勢力擴大的殖民地人民更加憤怒。就這樣，英國和殖民地之間的矛盾愈來愈深。

召開大陸會議

英國對麻薩諸塞灣省的制裁，被視為是對所有殖民地採取的態度。極度不滿的各殖民地代表在賓夕凡尼亞省的都市費拉德爾菲亞召開會議。此會議稱為「大陸會議」，在今後將成為匯集殖民地意見的場合。

參加大陸會議的人認為「我們的地位要和英國議會平等」。也就是說，英國和殖民地應該要組成各自擁有自主權的聯合國家（邦聯制）。

大陸會議一開始並不是協商獨立大業的地方。最初的成員中，徹底反抗英國的激進派，以及支持與英國協調的保守派各占一半。激進派大多是麻薩諸塞灣省和賓夕法尼亞省的代表。麻薩諸塞灣省因為波士頓茶葉事件，決心與英國勢不兩立；賓夕法尼亞省則是因為自由貿易和往西擴展方面受到英國打壓，感到非常不滿。

大陸會議決議的結果，包括抵制英國製品（不買運動）、若不撤回「不可容忍法令」就不出口等方針。不過這些方針涉及到立場不同的殖民地所擁有的利益，因此沒辦法立即實施。

大陸會議在協商各殖民地利益的同時，決定了抵制時間和品項，接著設立監視抵制行動是否有確實執行的組織。在這個組織工作的人都了解這是身為公務員的工作，而且這樣的工作經驗在未來獨立時會很有幫助。

大陸會議結束後，人們為了準備對抗英國軍，開始在麻薩諸塞灣省訓練民兵與建造武器庫。作為律師廣為人知的派屈克・亨利在維吉尼亞殖民地，以與英國開戰為前提，進行了「不自由，毋寧死」的激情演說，讓民眾群情激憤。

一七七五年四月，英國軍為了奪取位於波士頓西北方三十幾公里的康科德武器庫而採取行動。在列星頓（大約在康科德和波士頓的中間）和康科德與民兵爆發衝突，開啟了美國獨立戰爭。

隔年五月，第二次大陸會議召開，任命來自維吉尼亞的喬治・華盛頓擔任大陸軍總司令。

由大陸軍展開的波士頓之圍，從一七七五年四月到隔年三月，幾乎持續了整整一年。一七七六年七月，大陸會議終於通過獨立的議案。

祕密專欄

國旗、國歌及國徽

強烈展現獨立意志並宣示愛國的國家象徵

美國的國旗俗稱「星條旗」，正式名稱為「合眾國旗」。由七條紅色和六條白色的條紋構成，左上角還有稱為「canton」的藍色長方形，裡面包含了代表美國現今州數的白色五角星。

星條旗是在一七七七年，也就是美國獨立後隔年召開的第二次大陸會議上制定的國旗。配色中，紅色代表殖民國英國，同時也有「勇敢、勇氣」之意；白色是「獨立」和「純真、潔白」；藍色則意為「謹慎和忍耐」。

從星條旗獲得靈感製作出的歌曲，就是現今的美國國歌。在一八一四年美英戰爭中，法蘭西斯・史考特・基為了與英軍交涉釋放俘虜，進入英國軍艦，但因為英軍要施行炮擊作戰，被拘留在軍艦一晚。法蘭西斯・史考特・基看到懸掛在美軍要塞的星條旗，經過英軍徹夜以

＜國旗＞

現今的美國國旗。上方的星星數會隨著州數而調整。

＜國徽＞

正面

背面

美國國徽的正面和背面。1元美金紙鈔的背面也印有國徽。

炮火洗禮，清晨仍然隨風飄揚的畫面深受感動，便做了一首詩。這首詩搭配上當時流行的樂曲，作為愛國之歌受到人民傳唱，並取名為〈星條旗永不落〉。一九三一年，美國國會正式將這首歌定為國歌。

代表國家的標誌，除了國旗還有國徽。美國國徽更準確來說應該稱為國璽（國家的印信），跟國旗一樣是在美國獨立時製成的。

美國國徽的正面圖案是美國國鳥白頭海鵰抓著象徵和平與戰爭的橄欖枝和箭矢，並叼著以拉丁語撰寫「和眾為一」的綬帶。

背面圖案的主體是十三層的金字塔，頂端是「看清一切的上帝之眼」。上下各寫著銘文，分別為「認可我們開始」和「時代新秩序」。

美國印地安酋長的女兒

寶嘉康蒂

Pocahontas

（1595？～1617）

架起歐洲與美國兩岸橋樑的少女

寶嘉康蒂是美國印第安部落波瓦坦族酋長的女兒。波瓦坦族在英國開始殖民美國的十七世紀，居住在殖民者登陸的維吉尼亞東海岸。

根據殖民者留下的記錄，寶嘉康蒂救了波瓦坦族打算殺害的英國首領，但目前無法確定此記錄的真實性。之後寶嘉康蒂成為殖民者的人質，並和在殖民地栽種香菸的約翰・羅爾夫結婚，產下一子。

結婚後，受洗成為基督教徒的寶嘉康蒂和羅爾夫前往英國，並受到熱烈的歡迎，但在回國前染病而死。

現今寶嘉康蒂被譽為是美國印地安人和歐洲文化融合的象徵。

chapter 2

合眾國的誕生

發表《美國獨立宣言》

在第二次大陸會議上也有討論關於接受外國援助的議題。班傑明・富蘭克林（費拉德爾菲亞的實業家，因為以實驗證明天空中的閃電就是生活用電而廣為人知）在這時被推舉為代表，前往法國請求援助。

另一方面，英國在各殖民地的統治組織全部停擺，派任的總督都前往軍艦或英國駐軍地避難。英國也宣布殖民地叛亂，並進行海上封鎖。至此，大陸會議中主張議和的成員都深知已經沒有協調的希望。

即使如此，還是有人認為和英國和解比較好。與這些人相反，出生於英國的哲學家湯瑪斯・潘恩主張否定國王的統治，強調獨立的必要性。其撰寫的宣傳冊《常識》，首刷量僅一千本，最後總銷售量竟高達五十萬本，促使殖民地人民的想法逐漸朝獨立靠攏。

在大陸會議上，首先由來自維吉尼亞的湯瑪斯・傑佛遜所主導的小組起草宣示獨立決心的《美國獨立宣言》。

傑佛遜一行人在起草獨立宣言的過程中，受到英國政治思想家約翰・洛克的政治論影響。洛克在《政府二論》中提倡，組成社會不是靠國王的絕對權力，而是由構成社會的所有人相互交換契約來達成的「社會契約理論」。因此，市民理當要有抵抗國王的權力。

以此理論為根據，十三殖民地於一七七六年發表《美國獨立宣言》。此宣言的前言內容如下：「人人生而平等，造物主賦予他們若干不可剝奪的權利，其中包括生命權、自由權和追求幸福的權利。為了保障這些權利，人類才在彼此之間建立政府。而政府之正當權力，則來自被統治者的同意。（後略）」

不過，因為前言的理念和奴隸制度相互矛盾，傑佛遜曾感到很猶豫。對當時的殖民地而言，奴隸是不可或缺的勞動力，理當不應該將反對奴隸制的內容放入獨立宣言。

約克鎮圍城戰役

美國獨立戰爭剛開戰時，美國民兵（後統稱「美軍」）活用地利和英國的正規軍（後統稱「英國軍」）交戰。列星頓和康科德的戰事持續進行，美軍相當擅長作戰，在波士頓近郊的戰事雖然敗北，但死傷人數並不多。

當時的美國士兵被稱為分鐘人。顧名思義，分鐘人可以在一分鐘內進入交戰狀態。但美軍在軍事設備和戰術上不及英國軍，而且美軍是由人民組成，沒辦法遠離居住地，這點在之後逐漸演變成劣勢。因此，華盛頓極力避免正面交戰，做好打長期戰的準備。

發表《美國獨立宣言》的一七七六年，英國軍從波士頓朝紐約方向南下，並在長島會戰打敗美軍。華盛頓在這時仍努力將損失降至最小。

和英國關係不佳的法國是第一個參與美國獨立戰爭的國家。法國和美國締結同盟條

獨立戰爭的主要戰役

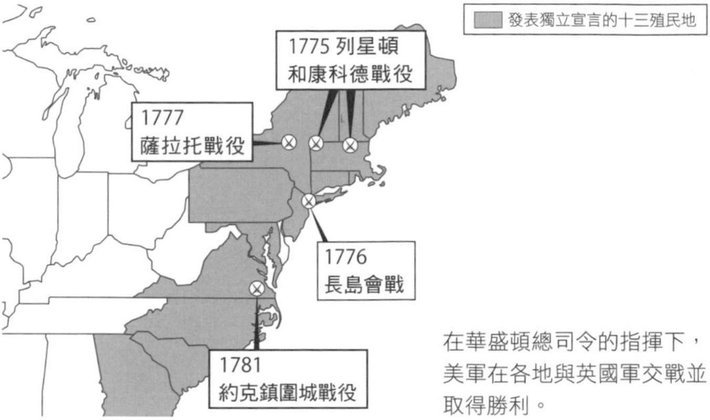

在華盛頓總司令的指揮下，美軍在各地與英國軍交戰並取得勝利。

約，派出艦隊擊敗作為世界強豪遠近馳名的英國。

英國軍失去制海權後，補給嚴重受挫，戰況逐漸轉為對美軍有利。

一七八一年，美軍和法軍合力猛攻英國的最後據點——維吉尼亞約克鎮。英國軍在這場戰役中投降，美國確定獨立。之後雙方不再進行大規模的戰爭，隔年英國議會決定停戰，戰爭結束。

話說回來，大家可能會覺得，曾為殖民地的美國僅靠贏得戰爭，就成功從英國獨立。其實還有一個幫助美國擺脫殖民重要原因：英國國內的輿論並不支持。換言之，這場戰爭就像是兄弟鬩牆，所以志願兵不多，英國也沒有足夠的財力雇用傭兵。

約克鎮圍城戰役之後，雙方開始在巴黎交涉美國獨立一事。

一七八三年，英美雙方簽訂《巴黎和約》，承認美利堅合眾國獨立。

除此之外，還有一件對美國來說相當幸運的事：在美國獨立戰爭的過程中，歐洲並沒有發生大型戰爭，致使歐洲有許多軍人在得知美國正為了獨立而戰後，以義勇軍的身分參戰。

要如何才能建立國家？

「美利堅合眾國」這個國名是在何時、如何決定的呢？

在發表《美國獨立宣言》的同時，大陸會議就要求每個殖民地各自擬定「規範（法律）」。「殖民地」因此成為擁有自治權的「州」。接下來，該如何團結十三州，並維持相互的關係成為最大的問題，《邦聯條例》因此應運而生，大陸會議也改名為「邦聯議會」。

一七七七年，在美國獨立戰爭的期間，大陸會議提出《邦聯條例》的草案。由於各州代表的想法有很大的分歧，經過長期的協調，終於在一七八一年獲得十三州的批准，正式通過。

《邦聯條例》第一條為「本邦聯定名為『美利堅合眾國（The United States of America）』」。State是指「州」，因此美利堅合眾國被定義為，由普通人管理的數個

「國家」所組成的國家。

第二條是「除由邦聯議會通過的決議之外，各州均保留其主權、自由、獨立以及所有的權力、管轄權及其他權利」，明確表示州的獨立性。

第三條則表明成立合眾國的原因：「擁有自主性的各州以共同防衛、保障自由和彼此間及全民的福祉為目的，參與堅定、友好的聯盟（中略），宣誓相互援助」。

列出以上三點，筆者想表達的是，作為美利堅合眾國統一的十三州，是為了和英國作戰才「聯合、合作」，而不是以建立中央集權的國家為目的。

《邦聯條例》在美國獨立戰爭期間具有很強的約束力。不過，當促使十三州團結、聯合的敵人消失後，因為各州間的利益衝突，以及內部湧出的不滿聲浪，合眾國陷入可能會分崩離析的危機。

對於不曾經歷從另外一個國家中獨立出來的我們而言，可能會很難理解，但可以透過美利堅合眾國的歷史發展來了解「要如何才能建立起國家」。

在英國國王和領主統治的殖民地上，向英國地主租借土地耕作的農民從控制中解脫，獲得了自由。也就是說，形成了以擁有土地的農民為主的社會，這就是所謂的「革命」。所以也有人說美國獨立是「革命」。

而在獨立之後，首先要面臨的問題就是「要如何統治國家」。

對「州」政府來說，眼下急待解決的問題是，要如何償還因獨立戰爭欠下的借款。於是各州打破《邦聯條例》中「鑄造貨幣及統一價值最少必須要由九個州共同決定」的規定，各自發行紙幣，結果導致邦聯議會喪失領導權力。

再加上，為獨立而戰的殖民地人民，其實並沒有認真思考過要如何建立新國家，這點也是一大問題。要像英國一樣採用君主立憲制嗎？還是要建立沒有君主的共和制國家？既然已經成為一個國家，就要盡快解決這個問題。像這樣的情況，首先就必須制定……憲法。

美利堅合眾國憲法

憲法是規定國家基本的法律。但美利堅合眾國建立於十八世紀後半葉，當時全世界沒有任何一個國家擁有「憲法」。

一七八七年五月，開始召開制憲會議。這時距離承認獨立已經過了四年，由此可看出大家對於制憲有多謹慎。

擬定獨立宣言的傑佛遜等人沒有參與這個會議。從傑佛遜的角度來看，美國獨立戰爭的總司令華盛頓、副官亞歷山大・漢彌爾頓等其他參與者的理念都比較傾向英國。在這場會議上，為了強調《獨立宣言》主張的人民主權，決定由人民藉由選舉選出議員。國家權力則分成行政權、司法權、立法權，讓三者相互制衡。而且還重申對於壓制各州權力，明確表示中央政府的權力，憲法是不可或缺的存在。

但很顯然，如果將討論的內容公之於眾，哪怕只是一部分，就會不斷出現反對聲浪，無法統一所有人的意見。因此這個會議是在不公開的情況下進行的。

會議成員都帶著準備建立新國家的堅強意志，但經過四個月討論後，卻還是有三十九位成員退出。不過，最後總算完成了所有人都同意的草案。

草案完成時，華盛頓留下這麼一句話：「這是目前可以達到共識的最佳內容，修改就交給未來了。」表現出不斷討論的議會氣氛。

在一七八七年九月對外公布憲法草案後，不出意料，掀起批評的浪潮。主要爭議內容如下：

①說是「聯邦主義」卻允許設立擁有強大權力的聯邦政府，這等於是在否定「聯邦」和「州」的權力。

②「信仰、言論等自由」不包含在人民的權力中。

這兩項批判都在議會成員的預料中，他們在各州召開集會，要求前來參與的人必須表決是否同意，利用此奇計成功通過法案。而且還納入十三州中只要有九州贊成就通過的條件，因此不必全部的州都意見一致。

冷靜地審視憲法制定的過程，會發現議會表現的態度明顯很強硬。然而，這無疑是個縝密的策略，成功讓憲法在一七八九年生效。

尚未解決的信仰自由等人權相關規定，則是在憲法生效那年，作為「一到十條修正案」正式提出，並於一七九一年實施。想必大家都沒想到這麼快就得面臨華盛頓所說的「修改就交給未來了」。

總統有多了不起？

最後，簡單介紹延續至今的美國三權分立制度。

美國的立法機關是由兩院制組成的國會。其中參議院

當時的日本

十八世界後半葉，日本近海開始出現俄羅斯帝國的船隻。為了應對這個情況，日本決定從蝦夷地（現在的北海道）前往樺太進行考察。國內政治方面，因為財政惡化，老中松平定信著手推行寬政改革。幕府統治體制逐漸開始動搖。

是由各州選出兩位代表組成，這是考慮到州跟州之間的平衡所作出的規定。議員任期為六年。各州在眾議院的席次則會跟著州的人口數增減。議員的任期為二年，目的是為了經常聽取人民的想法。

此外，除了稅收相關等部分法案，審議法案通常是在兩院進行，且法案須經兩院批准方能通過。

行政機關的權力歸屬於總統。

選舉辦法是至今還在使用的間接選舉。選舉結果是由和各州上下兩院的議員數相等的「選舉人票」來決定。而贏得多數普選票的候選人，就能獲得該州全部的選舉人票。

實際票數和取得勝利的州數可能會出現逆轉現象，所以經常成為眾人討論的話題。

司法最高機關是聯邦最高法院。此法院的法官是由總統提名，經參議院投票通過後就任，為終身任期。擁有違憲審查權，審查法律是否違憲。

美國的三權分立

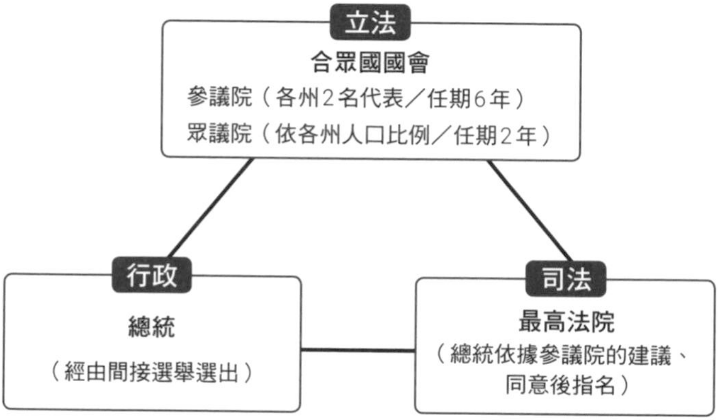

這些制度從現今的政治體制來看，並沒有什麼值得驚訝的。但美國厲害的地方在於，在沒有任何國家擁有憲法的時代撰寫出這些內容，並持續到今天。

獨立後不久，在還有許多人懷念英國的政治時，美國卻選擇了人民主權和共和制。在艱苦中做下這些決策的領導者們，當然會被讚頌為「建國英雄」。

順帶一提，《大日本帝國憲法》是在《美利堅合眾國憲法》誕生後的一百年，也就是一八八九年公布的。從這點來看，美國的先進可說是非常值得大書特書。

到這裡為止，已經看了從獨立宣言到制定憲法之間約十五年的歷史。不用多說，這幾年對美國史來說當然有著非比尋常的意義。而且沒想到《美利堅合眾國憲法》生效的一七八九年，也是幫助美國贏得獨立戰爭的法國爆發革命的一年。十八世紀後半葉，世界迎來劇烈的變動期。

華盛頓所做的事

美國根據憲法在一七八九年實施第一屆總統選舉，華盛頓獲選為第一任總統。他認為當時的美國社會普遍存在一個問題：很多人民並不了解「國民擁有主權，而非國王」的共和制體制。因此，華盛頓非常謹慎地確保好不容易建立的新國家，不會再回到像君主制那樣的陳舊體制。

理想的政府，要會考慮中央集權和地方分權（州權）的平衡。舉例來說，華盛頓任命漢彌爾頓作為中央集權的財政部長發揮其政治手腕；而國務卿則交由州權派的傑佛遜擔任。

當時的美國除了必須償還獨立戰爭中的借款外，法國革命和英法之間的戰爭也為美國外交帶來嚴峻的考驗。由於美國在獨立戰爭時受到法國援助，儘管藉由革命改變了體制，仍然陷入理應支援法國攻打英國的情況。

華盛頓總統對於歐洲各國關係，主張保持中立原則。當英國開始在加勒比海扣押中立國的船隻，導致美國面臨開戰危機時，美國與英國於一七九四年簽訂《傑伊條約》，避免可能爆發的戰爭，並緩解了雙方的緊張關係。法國因為華盛頓意料之外的背信忘義而勃然大怒，歐洲各國對美國的印象也跟著惡化。

不只外交，也十分注重內政大小事平衡的華盛頓，並不喜歡政府內部發生衝突。但是，在還清債務這件事上大顯身手，並策畫促進國內工商業發展的中央集權主義者漢彌爾頓，和致力於擴大州權力、促進地方自治的傑佛遜雙方之間的矛盾卻愈來愈深。

支持漢彌爾頓的勢力稱為「聯邦派」；傑佛遜的支持者則叫「共和派」，之後雙方分別加入聯邦黨和民主共和黨。相互對立的結果，漢彌爾頓和傑佛遜雙雙辭職，離開政府。後續會針對事情的經過進行詳細說明。

美國十九世紀代表作家

愛倫・坡

Edgar Allan Poe

（1809～1849）

一生都在書寫人生的掙扎

愛倫・坡的父母均為巡迴演員。他在年幼時因為父親失蹤、母親病死而成為孤兒，隨後被在里奇蒙經營菸草生意的艾倫夫婦收養。他在英國接受初等教育，回國後進入大學就讀。但因為參與賭博激怒養父，最後輟學。之後離開艾倫夫婦，加入軍隊，朝著作詩、撰寫評論及小說的道路前進。愛倫・坡在27歲時與姑媽的女兒結婚，一面擔任負責評論專欄的雜誌編輯，一面撰寫解讀密碼、異常心理、恐怖及奇幻等題材相關的小說。1841年刊登在雜誌上的《莫爾格街兇殺案》被公認為是全世界最早出現的推理小說。愛倫・坡晚年沉迷於作詩，但妻子病亡後，他開始酗酒，最後醉倒在路邊，就這樣離開人世。死後，其充滿奇幻和恐怖色彩的詩詞和小說受到很高的評價，影響後世許多作家。

chapter 3

成長、擴大的合眾國

美元的誕生

在華盛頓就任總統的一七八九年，開啟了新生美利堅合眾國的歷史。對於華盛頓的為人處事，美國國民給予很高的評價。但他面對國家問題的態度完全是另外一回事，根本可以說是多災多難。

在國內政治上，聯邦派和共和派的意見已經出現嚴重的分歧，對華盛頓而來說，這應該是必須憂心的情況。但正因為這樣的矛盾，才促使國民更加關切政治。

美國政府最大的問題是經濟。完成憲法以及以憲法為基礎打造的國家框架後，接下來就要有穩定的執政和支撐國民生活的「貨幣」。

美國在殖民地時期不被允許擁有自己的貨幣，因此在市面上流通的貨幣是殖民國的英鎊。但和英國的貿易大多都是進口，所以英鎊幾乎都往外流出。殖民地人民比較常使用的貨幣反而是「dólar」。

當時在歐洲流通的銀幣「塔勒（Thaler）」在西班牙稱為「dólar」。美國殖民地和西印度群島和南歐交易時，都是使用dólar。殖民地人民藉由大量出口獲得dólar，不久後dólar便流通到生活中，最後大眾普遍認為dólar才是貨幣。

一七九一年，第一任財政部長漢彌爾頓決定dollar（美元，dólar的英文讀法）正式成為美國的貨幣單位。為了維持獨立戰爭的費用，以大陸會議和各州名義發行的債券（籌措資金時發行的證券）因為戰後通貨膨脹（物價上漲），價值下降至原本的十分之一。

結果導致不想賠錢的人紛紛賣出債券，銀行等金融業者抱著政府買回債券的希望收購債券的情況。

當時的日本

1791年，在美國規定美元（dollar）為貨幣時，美國商船首次來到日本。此商船是以華盛頓夫人的名字命名的「華盛頓夫人號（Lady Washington）」。這艘船橫渡太平洋，抵達中國交易後，打算順路到日本落腳，但當時正在鎖國的日本婉拒這個請求。

面對如此混亂的局面，漢彌爾頓試圖透過讓聯邦政府依照票面的額度購買所有的債券後，再發行新的債券，以控制事態的發展。

美國初期的「銀行」是根據各州的法律成立的。儘管那些銀行對各州產業有所貢獻，但無奈資本額太小，常常因為倒閉而在各地造成混亂。

後來，漢彌爾頓設立中央銀行，採取發行銀行券和管理政府資金等措施。不過，中央銀行是個設立期限為二十年的組織，臨近到期日時就在地方銀行的反對下遭到廢除，所以沒什麼太大的權力。再等五十年，美國才會出現強大的中央銀行。

合眾國的國境範圍到哪裡？

漢彌爾頓的財政政策頗受好評，而且由於他那可以說是強硬的政策執行力，提高了國民對聯邦政府的信賴感，進而強化了政府的權力。

另一方面，也讓以傑佛遜為首的反漢彌爾頓勢力（Republican）更為團結。

十八世紀末的領土

密西西比河以東的大部分土地都屬於美國領土。

制定憲法、穩定貨幣和財政後，國家慢慢地成形。接下來要面對的問題是，重要性媲美上述要點的「國家構成基本」——土地。

獨立後，從俄亥俄河以北到西邊的密西西比河，都屬於聯邦政府管轄下的領土。

漢彌爾頓認為應該由政府統一管理新開墾的領土，促進產業發展，並有償給予農民土地。這樣的政策，讓擁有巨額資本、可以購買土地的人非常開心。也就是說，漢彌爾頓的政策受到資本家（大部分思想都偏保守）的支持。支持他的人屬於聯邦派。

相對地，傑佛遜主張地方分權和人民主

權，支持者大多都是中小農民階層。這些人屬於共和派。

美國不和他國結盟

以下針對美國和舊世界（尤其是英國和法國）之間的關係進行介紹。首先是一七九四年美國和英國簽訂的《傑伊條約》。儘管此條約緩和了美英之間的關係，內容上卻有一些部分對美國貿易較為不利。

華盛頓因為簽訂此條約，下定決心從政界引退，並堅持拒絕擔任第三任總統。在最後的演說中，華盛頓表示：「各州和國民應該要團結一致，美利堅合眾國不可分裂。」用以批評保守派和改革派之間嚴重的矛盾。

此外，他還主張：「美利堅合眾國不該與他國結盟，外交上要避免捲入戰爭。」從現今美國的國際關係來看，這點真的很難以置信。

一七九六年的總統選舉由聯邦派提名的約翰·亞當斯，與共和派代表傑佛遜進行一對一的競爭。亞當斯以三票之差獲得勝利。當時的制度是票數第二的人擔任副總統，因此傑佛遜成為副總統。

新任總統亞當斯曾在華盛頓底下擔任八年的副總統，在外交上也很活躍，致力於改善和法國的不睦關係。法國自從美英簽訂《傑伊條約》後反應一直都很冷淡，雙方的關係惡化到美國對法國不宣而戰，並在一八〇〇年廢除同盟關係。

此外，美國國內通過「客籍法」和「鎮壓叛亂法」等兩條法律。前者允許總統將被認為是危險人物的外國人驅逐出境，表明政府已經注意到在美國流亡的同時批評亞當斯（聯邦派）政策的法國人。

後者是禁止對立法和行政機關進行誹謗或汙衊，以現在的角度來看，可能會演變成「政府打壓言論自由」。

傑佛遜等共和派雖表示不能接受，但因為反對本身就觸犯法律，導致連批評體制都沒辦法。

一八〇〇年的總統選舉陷入混戰。除了以連任為目標的聯邦派亞當斯，以及共和派傑佛遜，還加上以當時的首都紐約為基本盤的共和派阿龍・伯爾，形成三強爭霸的局面。

在首輪選舉中，亞當斯落敗，傑佛遜和伯爾票數相當。最後竟然進行了三十六輪的投票，直到傑佛遜得到宿敵聯邦派的支持，才確定由傑佛遜當選。

這場選舉實現了政黨輪替，因此在美國稱為「一八〇〇年革命」。

順帶一提，前一年，也就是一七九九年，拿破崙在法國藉由政變掌握權力。這位拿破崙與日後美國領土擴大有著密切的關係。

領土倍增！

第三任總統傑佛遜是第一位在首都華盛頓D・C・（D・C・意為「哥倫比亞特區」，是用來稱頌哥倫布的地名）進行就職儀式的總統。他在就職演說上留下經典名言「我們所有人都是共和派，同時也全都是聯邦派」，呼籲國民要理性和平。

順帶一提，第一任總統華盛頓是在紐約舉行就職儀式。華盛頓表示「首都應該獨立於州」並於馬里蘭州和維吉尼亞州讓與的土地——波多馬克河畔建立新首都。

在建造的過程中，臨時首都設於費拉德爾菲亞。第二任總統亞當斯就是在費拉德爾菲亞舉辦就職儀式。

由於曾得到聯邦派的支持，傑弗遜的政治並沒有太過偏離漢彌爾頓的政策。較大的不同是，廢止「客籍法」和「鎮壓叛亂法」與縮減軍事設備，並保留漢彌爾頓設立的中央銀行（譯注：傑佛遜過去堅決反對成立中央銀行）。

對傑佛遜來說，最大的考驗是位於密西西比河西邊的西班牙領地——路易斯安那的主權歸屬。

在爆發英法北美戰爭（詳見24頁）之前，從加拿大到路易斯安那為止的廣袤領土都屬於法國的殖民地。

戰爭結束後，加拿大割讓給英國，路易斯安那則以密西西比河為界，東給英國，西歸西班牙。若路易斯安那成為法國的領地，那對與法國關係惡化的美國而言，無疑是一大威脅。

一八〇〇年，法國取得西路易斯安那的主權，威脅成為現實。然而三年後，拿破崙卻提出變賣西路易斯安那的打算，美國得知後立即答應這筆買賣，國土面積因而翻倍成長。

拿破崙之所以會決定售出西路易斯安那，是出於英國和法國在美洲大陸上發生戰爭時，法國沒辦法防止英國軍從加拿大南下進攻的戰略考量。似乎是認為與其保有可以從戰爭獲取的土地，還不如賣掉。

傑佛遜在購入土地後，立刻派探險調查隊前往西方考察，此行最大的目的是找到可以抵達太平洋的路線。最後這個調查取得良好的結果，美國人因此更為關注西部。

向拿破崙購得的西路易斯安那

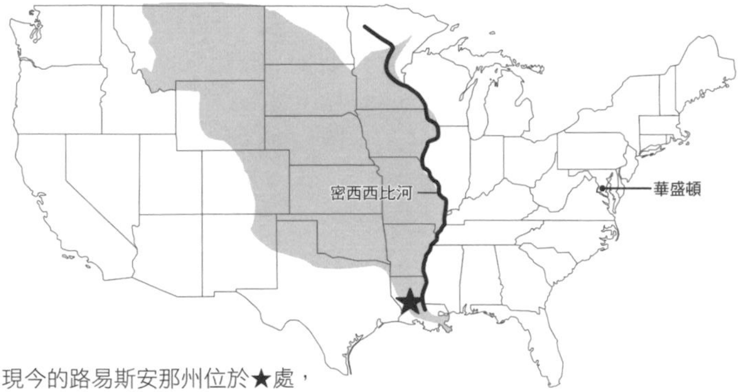

現今的路易斯安那州位於★處，
但在當時，塗色的地方都稱為路易斯安那。

英國敗北！

在拿破崙稱帝的一八〇〇年，歐洲諸國為了抵禦法國而組成同盟，雙方陷入交戰（拿破崙戰爭）。此時美國為了避免被捲入戰事，選擇保持中立。

不過，以當時的國際情勢來看，他國不可能因為美國是新興國家，就允許其站在事不關己的立場。

況且美國商船一面假裝中立，一面讓從英國、法國在西印度群島的殖民地運出的物資暫時在自家港口上岸，之後再趁機將物資裝運至法國和英國。

英、法兩國不認為這是中立國該有的行為，宣布追捕美國商船。美國政府得知後，以法律禁止本國船隻出港。

美國商船因為無法貿易，蒙受極大損失。再加上農作物無法出口，沒有收入的西部農民對政府愈發不滿，因此這條禁止本國船隻出港的法律，以不能與英國（和法國）貿易為前提廢除。

英國和美國之間的矛盾一直沒有解決，導致英國以搜索逃兵的名義在公海上屢次對美國船隻進行臨檢（上船調查）。理所當然地激起美國國民對英國的反抗情緒。

而且當時美國也有政治家抱有想要占領位於美國西部及南部的英屬加拿大和西屬佛羅里達的野心。

在這樣的輿論下，繼承傑佛遜路線的共和派詹姆斯・麥迪遜總統（第四任）要求議會允許他向英國宣戰。一八一二年獲得議會同意，戰爭終於打響。

但美國在這場戰爭中，連續吞下敗仗。不僅侵略加拿大失敗，還讓英國軍成功占領首都華盛頓D・C・，甚至連總統官邸都遭到焚毀。說個題外話，美國人在重建總統官邸時，為了掩蓋焦痕，以白色油漆粉刷外牆，因此後來才會以「白宮」稱呼美國總統官邸。

一八一四年末，一八一二年戰爭的停戰條約於比利時簽訂。

隔年一月，在這個消息尚未傳到美國的情況下，安德魯・傑克遜將軍在紐奧良戰役戰勝英國軍。

未來傑克遜在還會在與印地安人的戰爭中取得勝利，因而聲名大噪，並於一八二八年當選總統。

往西前進

法國革命和拿破崙戰爭使歐洲各國的民族主義（抵抗來自國外的壓力，維持本國獨立，朝著發展前進的意識形態）高漲。美國也因為一八一二年戰爭，和曾經的殖民國英國完全切割，提高身為美國人的民族主義。之後美國人將注意力轉向西部。

當時的西部是印地安人居住的地方。印地安人曾試圖抵抗英國和法國擴展勢力，但因為各種因素，他們一直屈就於歐洲的軍事力量下。此外，印地安人在獨立戰爭時站在殖民地那邊，不過一八一二年戰爭時卻與英國結盟攻打美國。

一八三〇年合眾國國會制定《印地安人排除法案》，將印地安人趕到密西西比河以西，並在此後不斷剝奪其土地。

美國在與印地安人交戰的同時，也逐步劃定和北美大陸的英屬領地之間的邊界。一八一八年，雙方決定以北緯四十九度作為英屬加拿大和美國國境的界線。

除此之外，美國也和西班牙進行交涉，在一八一九年簽訂的條約中，美國向西班牙收購佛羅里達。至於西路易斯安那的部分，在領土進一步擴大後，於北緯四十二度劃定通往太平洋的階梯式邊界。

西部是指哪裡？

一八一二年戰爭結束的當下，「西部」是指五大湖的伊利湖和密西根湖南部以及俄亥俄河之間的區域（為現今的俄亥俄州、印第安納州及伊利諾州三州）。

美國在這個地區出售公有地，農民購買土地後移居至此，並在這裡種植販賣用的小麥和玉米。這時的運河和道路等交通都很發達，農業愈來愈繁盛。

未來南部（從阿帕拉契山脈西部到俄亥俄河、大西洋沿岸）也劃為美國領土後，

奴役黑人種植的棉花種植園會更加擴大。

分離棉花的纖維和種子是一件非常費工費力的事情。在發明出可以快速分離棉絨與棉籽的軋花機後，產能大幅增加，棉花的需求也跟著急速上升。

相對於以農業為主的西部，東海岸以一八一二年戰爭為契機，開始發展工業。率先打頭陣的就是棉花工業。隨著經濟規模的擴大，運輸業和銀行業也跟著成長。

詹姆斯・門羅在一八一六年的總統選舉獲得壓倒性的勝利，成為第五任總統。他以保護國內產業為優先，施行貿易保護（提高進口商品

1820年代的領土

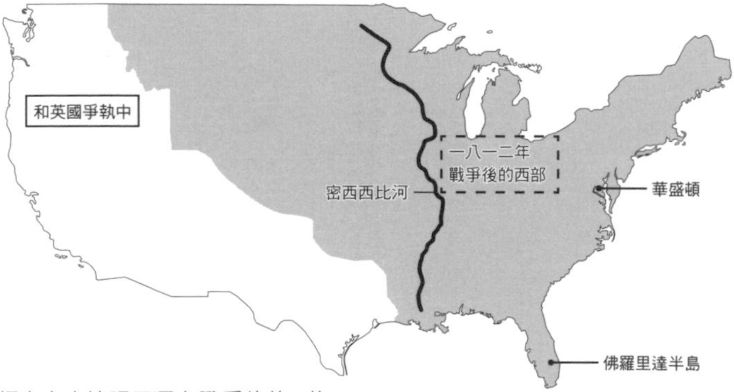

領土大小擴張至獨立戰爭後的3倍。

的關稅，並限制進口量的政策）。

歐洲不要干涉美國！

說到門羅，就不得不提著名的美國外交政策「門羅主義」。門羅主義是在一八〇四至一八二二年間，拉丁美洲國家紛紛爭取獨立時形成的。

在這段期間，歐洲諸國開始要求、爭取在這些陸續獨立的國家中進行貿易及開發土地的特權。

面對這些行徑，當時的英國外相提出「美國和英國聯手反對」的想法。美國政府認為：

「英國擁有強大的海軍戰力，就算不同盟也有能力主張反對。專程提出同盟，不就是為了要阻止我們（美國）加強對拉丁美洲各國的影響嗎？」因此拒絕此提議，同時發表「新大陸和舊大陸不互相干涉」的「門羅主義」。以犀利的言詞表示希望歐洲（舊大陸）不要插手美洲大陸事宜。

此外，門羅主義也有牽制俄羅斯帝國從阿拉斯加南下的用意。

平等有什麼不好？

從傑佛遜開始，到麥迪遜、門羅，持續四分之一世紀的共和派政權，在一八二〇年代逐漸出現變化。

造成這種結果的主要原因，一般認為是以下兩點：

①西方領土擴大，建立新的州份。

②不了解獨立戰爭的國民逐漸成為社會的中心。

國土和國民改變的話，社會就會跟著變化。這麼一來，對政治的想法當然也會有所不同。

簡單來說，愈來愈多人的想法不再是「共和（非君主制的體制）」而是「民主（國民平等的體制）」。美國過去的開國領袖都是了解英國政治優缺點的人，但他們並不喜歡像法國革命一樣造成國家混亂。因此，縱使捨棄君主制，選擇共和制（由聯邦政府來統治的體制），仍避免主張平等的民主主義。

然而，在成立新的州份，抱有新想法的國民增加後，共和派逐漸出現巨大的分歧。因此，共和派在第六任總統約翰・昆西・亞當斯（第二任總統約翰・亞當斯的兒子）的任職期間進行改組。主張中央集權的亞當斯，以及在最終投票與亞當斯合作的亨利・克萊組成國家共和黨（為之後的輝格黨）。在一八二八年總統選舉中擊敗亞當斯的安德魯・傑克遜，其支持者則成立民主共和黨，為現今民主黨的前身。

終於熬出頭的傑克遜總統

後世稱傑克遜和下任總統馬丁・范布倫的時代為「傑克遜民主」。美國的選舉權因州而異，在一八一二年戰爭後，許多州份給予二十一歲以上的成年男性選舉權，並進行州議會議員和法官等選舉。

候選人的人選也跟著改變，從重視血統和人品，演變成著重於個人成就。所謂的「靠實力」成為首選。

此外，競選活動也不再只是上台演講，而是採用走入人群的方式。曾為軍人的傑克遜就強調自己出生於小木屋，靠著鍥而不捨的努力才取得現在的成就，成功吸引民眾的視線，最後獲選為總統。

這樣的新浪潮也展現在投票數上。亞當斯當選時的總投票數為三十六萬票，到了傑克遜當選時，已上升至一百一十萬票。

一八四〇年，第九任總統威廉・哈瑞森當選時總投票數則是兩百四十萬，留下投票率八成的紀錄。從這些數字也可以看出政治已經朝著民主化前進。

不喜歡傑克遜政治手段的政治家留下將其描繪成「國王安德魯一世」的肖像畫。由此可見，傑克遜雖然作為民主國家總統，卻也有專制強勢的一面。而且傑克遜抱持的政治理念為：對於國民選出的總統，應該給予強大的權力。

傑克遜開創了執政黨可以自行任命輔佐政治家的官員，且由參與競選活動的工作人員來擔任這些職位的「分贓制度」，藉此結束了名門望族壟斷官場的體制。

出手干涉的墨西哥

新聞工作者約翰・奧沙利文為了將美國擴張國土的行為正當化，撰寫了主旨為「神賦予我們的使命是擴展這塊神給予的大陸（開拓西部）」的報導。

這篇報導主要是作為意見，寫給因為奧勒岡領地和美國爭執不休的英國。然而不只是奧勒岡，它同時也代表著當時美國全境的情勢。

不過，「干涉」美國擴張領土的不是英國，而是墨西哥。在一八二一年墨西哥從西班牙獨立後，德克薩斯成為墨西哥的國土。墨西哥政府依照國家戰略，在德克薩斯進行開拓並招募移民。

大量美國人接受招募，募集的人數於一八三〇年達到兩萬人以上。墨西哥急忙禁止美國人移居到德克薩斯，但沒有什麼太大的效果。一八三六年，移民至此的人宣布德克薩斯共和國獨立。在這樣的情況下，已經無法避免軍事衝突。

大約有兩百名因為推動獨立而被圍困於「阿拉莫要塞」的德克薩斯美國人，在墨西哥軍隊的襲擊下全數死亡。一個月後，南部各州的志願兵擊破墨西哥軍隊。

在德克薩斯共和國提出作為蓄奴州（承認奴隸制度的州份）與美利堅合眾國合併的希望後，美國國會為避免和墨西哥交戰，反對這項提議。

然而，在一八四五年擔任第十一任總統的詹姆斯・波爾克改變了政策。

身為擴張主義者的波爾克，一上任就

墨西哥領地

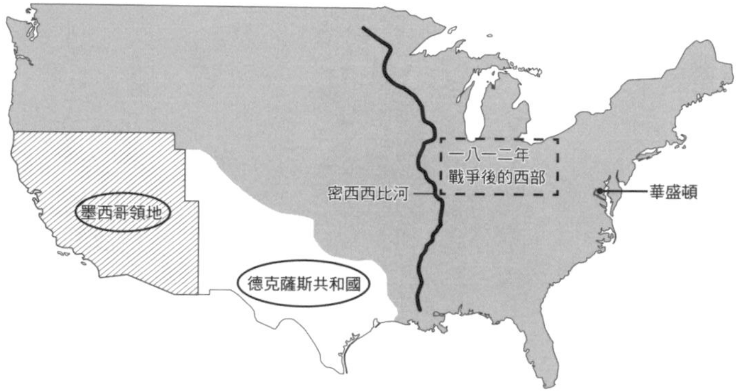

波爾克總統在與德克薩斯共和國合併後，也向墨西哥收購加利福尼亞和新墨西哥（斜線部分）。

決定要與德克薩斯合併。同時在奧勒岡的爭議上，拍板以北緯四十九度作為國境線。

波爾克也打算占有奧勒岡南部的加利福尼亞。

他在奧勒岡爭議將要得出最後結論時向墨西哥開戰。

歷經兩年的戰爭後，德克薩斯正式成為美國的國土，而且美國還強行向墨西哥收購加利福尼亞和新墨西哥。

就這樣，美國領土擴張到獨立戰爭後的三倍之多。

移民帶來的事物

領土擴展後人口也跟著增加，但國內人口並沒有一口氣增多。

美國歡迎來自歐洲的眾多移民。一八三〇年代的移民超過五十四萬人；而在一八四五到一八五五年這十年間，移民到美國的人數僅達三百萬人。

歐洲二十至三十多歲的年輕人，抱著想要「自由生活」的夢想來到新天地美國。因此一般認為民主主義之所以在美國廣傳，部分原因是受到這些歐洲人的影響。

不過，並不是所有前往美國的移民都過著幸福快樂的日子。移民者中占比最大的是出生於德國和愛爾蘭的人，這些

當時的日本

1845年，美國的捕鯨船曼哈頓號，為了將在日本近海漂流的日本人送回日本，出現在浦賀。幕府給予曼哈頓號船員水和食物等謝禮，以表感謝之意。據說之後乘船來到日本的馬修・培理，曾從回國的曼哈頓號船長口中聽聞此事。

人信仰天主教，因此不光是語言不通，還會和大多是清教徒的美國人產生衝突。

此外，年輕的移民居住在波士頓和紐約等都市的市區，開始作為低薪勞工在工廠工作，導致原本生活在那裡的美國人失業。

整體來看，移民大多都在西、南部以農為業。相對地，因為鮮少有人移居到北部，造成這個地區的製造業停滯不前。由於這樣的背景，北部人普遍認為要引進機械技術，而不是依賴人力。

例如，以往接到槍枝訂單時，都是由工匠手工慢慢製作。在設計出規格化組裝零件的方法後，製造效率大幅上升，製造業因此得以發展。

注意飲酒過度！

美國因為擁有廣袤土地，得以藉由容納大量移民打下經濟發展的基礎。但由於部分人民失業等不安因素，產生了新的問題：許多年輕人沉溺於酒精。

當時的人普遍都喝威士忌和琴酒等高酒精濃度的酒。沒有什麼特別消遣的工人經常借酒澆愁，孩子看到後便會跟著模仿。在沉迷酒精陷入貧困的人成為社會問題後，開始有人發起禁酒運動，例如成立禁酒協會等。

祕密專欄

名家和名門

實現美國夢的大富豪&名門家族

以下介紹在政商兩界取得成功，活躍於現今美國舞台的顯赫家族。

首先是知名的第三十五任總統甘迺迪其背後的家族——甘迺迪家族。這要從在十九世紀自愛爾蘭來到美國的派屈克・甘迺迪開始說起。派屈克因為經營酒館成功，成為州議員，歷經其兒子約瑟夫那代後，約瑟夫的兒子，也就是約翰・甘迺迪，當選為總統，為美國史上唯一一位信奉天主教的總統。

讓甘迺迪家族被譽為皇室家族的約翰，於一九六三年遭到暗殺。不過，其子孫在近年來，為了擔負美國的未來而努力成長著。

接下來是希爾頓家族，此家族經營著世界首屈一指的連鎖飯店品牌。從康拉德・希爾頓將家中空房作為旅館提供給人休憩開始，發展成遍布世界八十個國家，擁有上千家飯店的飯店

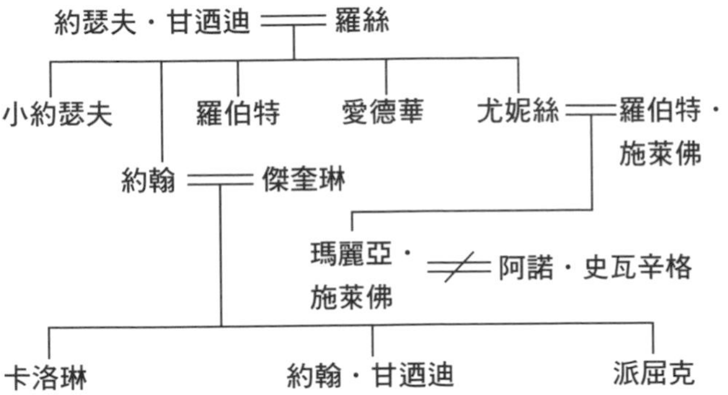

甘迺迪家族的人大多都進入政界。曾任駐日美國大使的卡洛琳・甘迺迪是約翰總統的長女。約翰的外甥女瑪麗亞・施萊佛與身為電影演員、前加州州長的阿諾・史瓦辛格曾結為夫妻。

事業。希爾頓家族時常是大家茶餘飯後的話題，例如康拉德娶了一個歲數小一倍的妻子、多次離婚，醜聞非常多；其曾孫模特兒派瑞絲・希爾頓因酒駕和持有非法藥物被捕；以及派瑞絲的妹妹妮琪和富豪羅斯柴爾德家族的富二代結婚等。

最後是經營各種事業的梅隆集團。此集團始於與父親從愛爾蘭移民到美國的托馬斯・梅隆。在其兒子安德魯將透過房地產交易賺取的錢財，拿來發展成一流的銀行後，以鋁業為開端，投資範圍擴大到石油、金融、鋼鐵、鐵道、化學及食品等，累積了巨額的財富。

此外，以人工智慧聞名的卡內基・梅隆大學，是由安德魯創建的梅隆工業研究學院和卡內基理工學院合併而成。

賺取巨額財富的石油王

洛克斐勒

John Davison Rockefeller

（1839～1937）

以超群的計算能力，從會計一躍成為大富豪

作為行商的兒子出生於紐約州的洛克斐勒，在16歲成為農作物經銷商的會計人員後，於19歲獨立。洛克斐勒對石油產業很感興趣，30歲時成立標準石油公司，開始經營事業。

在正式開採石油原油的1860年代踏入石油業的洛克斐勒，於法律尚未完備的時候，透過價格壟斷等手段超越其他公司，獨占整個石油市場。他以無情的手段將標準石油公司培養成大企業，但其強硬的管理方式，引起了各界的強烈批判。

洛克斐勒在58歲將事業交給兒子後，生活重心轉向慈善事業，創立了洛克斐勒基金會，為全球多個領域提供支援，例如醫療、教育及藝術等。

一手開創了至今仍在世界叱吒風雲的洛克斐勒家族的他，於97歲壽終正寢。

chapter 4

南北戰爭和奴隸制度

奴隸的問題是什麼？

黑人奴隸從建國時就一直是美國亟待解決的問題。或許這麼說會比較正確：在最初時，問題不在於「黑人」，而是「奴隸制度」。與《美國獨立宣言》所謂的「人人生而平等」相互矛盾的非人道奴隸制度，是無論怎麼解釋都不合理的制度。

與生活上必須要有奴隸的人相反，也有人明確反對剝奪他人自由並強迫其工作的行為，甚至還有人認為應該將黑人趕出美國。

當時的美國是「白人盎格魯撒克遜新教徒（WASP）」，也就是以「白人」為主的國家。因此也產生了在美國這個白人國家境內不允許有黑人存在的民族主義。

到了十九世紀，開始出現幫助黑人移居的行動。一八一六年成立的美國殖民協會，就是以幫助獲得解放的黑人奴隸及其子孫移居至非洲為目標的組織。

一八二二年，美國取得非洲殖民地。門羅總統以拉丁語的「自由（liber）」一詞將這裡取名為賴比瑞亞，並建造以自己的名字命名的蒙羅維亞城（Monrovia），將從奴隸身分解放的黑人送到這裡。

由於許多人死於當地的流行病，或遭到當地部落襲擊，導致賴比瑞亞的情況非常混亂。一八四七年，賴比瑞亞從美國獨立，成為繼海地後第二個黑人共和國。

棉花帶背後的真相

據說自一六一九年英國首次將十九名黑人奴隸帶到維吉尼亞殖民地後，歷經一八〇七年英國禁止奴隸貿易，到一八六五年南北戰爭（詳見96頁）結束，從非洲送往美國的黑奴總人數（包含走私）超過五十萬人。

估計在同一時期，抵達整個南北美洲大陸的黑人共有一千五百萬名（也有人說是一千兩百萬至六千萬人），占總人口的百分之四以上。南北戰爭時，美國黑人人口約四百萬人（也有人說是五百萬人）。由此可見，在美國出生的黑人相當地多。

奴隸不具有人格權，奴隸所有者視其為財產，因此使用上不能有所損失。奴隸的工作非常操勞，有時一天甚至要工作十八小時。為了不降低財產的價值，主人會給予食物並定期施予治療。

因奴隸制引發問題的美國南部，大致可分為上南方和深南部。上南方大多都是栽種香菸和穀物、飼養家畜的自耕農，或是小規模的奴隸所有者。因此奴隸人口並不多，還會將多餘的奴隸販賣至深南部。

深南部的路易斯安那到喬治亞一帶稱為棉花帶，許多人在這裡種植棉花。一八三〇到一九六〇年代，這個地區的棉花出口額占美國貿易總出口額的四到六成。在深南部經營種植園的人，都需要大量的奴隸作為勞力。

此外，美國南部產出的棉花也會出口至英國，負責運輸的是北部的運輸業者。在深南部，倉庫使用費、保險費及工業品進口都是北部運輸業者、商人和金融業者說了算。

但只要棉花還能賺取利益，南部就會陷入需要奴隸，難以工業化的狀態。

自由州？蓄奴州？

美國人往西部拓展，建立新的州份時，必須抉擇要成為承認奴隸制的「蓄奴州」，還是不承認奴隸制的「自由州」。

在美國剛獨立不久，尚未制定憲法的一七八七年，美國政府根據《西北條例》制定新領土的治理辦法。《西北條例》是指西北部的五大湖、俄亥俄河和密西西比河（上游）之間的區域，也就是現今伊利諾州、印

南北戰爭前的自由州和蓄奴州

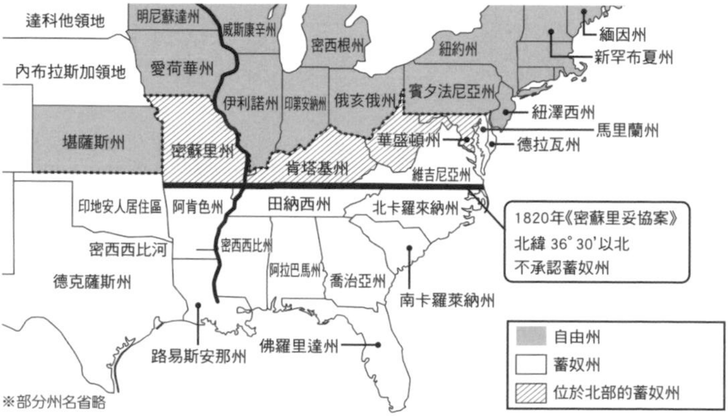

第安納州、俄亥俄州這三個州份所在的地區。

因此形成除了西北部不能承認奴隸制度外，其餘地區都可以承認奴隸制的情況。

只要反對奴隸制的州份增加，允許奴隸制的州份就會產生可能失去經濟、社會基礎的危機意識。

於是，肯塔基州脫離維吉尼亞州；田納西州與北卡羅來納州分開；喬治亞州分離出密西西比州和阿拉巴馬州，以增加蓄奴州的數量。截至一八一九年，美國共有二十二個州份，自由州和蓄奴州各占十一州。

密蘇里領地就在這樣的情況下準備升格為州。由於眾議院的議員大多來自自由州，對是否要升格爭論不休，但最終密蘇里州還是作為蓄奴州誕生了。

為了保持自由州和蓄奴州的平衡，緬因州又從麻薩諸塞州分離出來，作為新生自由州。

甚至還規定新建的州份以北緯三十六度三十分來區隔，以北為自由州，以南則為蓄奴州，此協議稱為《密蘇里妥協案》。

黑人奴隸並非沉默

生活受到限制無法獲得自由的黑人，也曾用各種方式來反抗。最常見的是消極怠工（放棄職務），其他還有竊盜、逃

當時的日本

1820年代，江戶幕府忙著應付時常出現的英國和俄國軍艦。那時的政策是提供燃料和水，讓這些軍艦安靜地離開，但此項政策在1825年出現一百八十度大轉變。幕府發布《異國船驅逐令》，並下達「以炮擊擊退」的指令。

跑等，反而很少使用武力。只要出現武力反抗的情況，就會對社會造成極大的衝擊。

美國黑奴的武力反抗中，最激烈的是一八三一年由奈特・杜納在維吉尼亞州領導的叛亂。

受到其他奴隸尊敬的杜納和幾個奴隸發動反叛，並殺死約60名白人。起義馬上就受到軍隊鎮壓，杜納也被送上處刑台。但因為此次事件，各州強化奴隸的管制，例如禁止持有武器、夜晚不能外出等。

即使無法發動叛亂，還是有人致力於奴

隸解放運動。

出生於馬里蘭州的弗雷德里克・道格拉斯在逃往北方後，因為看了威廉・勞埃德・加里森發行的《解放者》機關報，內心深受影響，決定投身到解放運動中。

也有人組成組織支援逃往北方的黑人。哈莉特・塔布曼與道格拉斯一樣，是出生於馬里蘭州的奴隸。身為一位女性，她曾數次闖入南部幫助黑人逃亡，據說在十年內協助三百多人順利逃脫。

掏金潮！

《密蘇里妥協案》通過後，自由州和蓄奴州各增加了三個州份，全國共有三十州。自由州和蓄奴州各十五州，比數達到平衡。破壞此平衡的是，在一八五〇年晉升為新州的加利福尼亞州。

加利福尼亞在與墨西哥的戰爭結束後，成為美國的領土。一八四八年有人在加利福尼亞發現金礦。這個消息傳遍全國後，夢想一夜致富的人湧向西部。

相當於十萬人的人潮搭乘船隻或帶篷馬車於隔年到加利福尼亞。此後，每當加利福尼亞以外的地方發現金礦，就會有人群蜂擁而至，導致流往西部的人口急遽增加。這種情況稱為掏金潮。

順帶一提，牛仔褲製造商Levi's就是在掏金潮時代創立的。從德國移民而來的李維・史特勞斯販賣牛仔褲給為了金礦聚集的人，因而一代致富。

以投票決定是否蓄奴？

一八五〇年，鐵路通往密西西比河，為掏金潮而來的人愈發增加，加利福尼亞因而

獲得升格為州的資格。當時，因為預估奧勒岡等領地在未來會成為自由州，蓄奴州危機意識高漲。

民主黨的年輕領袖史蒂芬・道格拉斯在美國國會上出面調解南北對立，最後道格拉斯決定加利福尼亞成為自由州。另一方面，他也和國民約好，往後新成立的州份，由居民自行選擇要成為自由州還是蓄奴州，以及會加強管束脫逃的奴隸等。

四年後，堪薩斯和內布拉斯加晉升為新的州份。這時，國會制定了《堪薩斯內布拉斯加法案》，由居民投票決定是否要採用奴隸制度。

堪薩斯州和內布拉斯州原本就位於《密蘇里妥協案》中「不可以成立新蓄奴州」的北緯三十六度三十分以北的地區。也就是說，這兩州應該要成為自由州。但國會無視抗議聲浪，推翻《密蘇里妥協案》，通過《堪薩斯內布拉斯加法案》。

由居民投票表決的法律通過後，奴隸制度的贊成派和反對派分別派遣大量的人移居至堪薩斯州，導致雙方爆發被後世稱為「血濺堪薩斯」的武力衝突。雙方間的矛盾演變到連聯邦議會都無法收拾的地步。這些反對《堪薩斯內布拉斯加法案》的人在之後組成共和黨。

一八四六年，密蘇里州的奴隸德雷德・史考特以「曾經被主人帶到自由州伊利諾州生活，所以應當已經擺脫奴隸身分」的立場提起訴訟。

美國最高法院對此事的判決內容為「美國不承認黑人為公民，因此史考特無權提起訴訟」。明確否定北緯三十度三十分以北禁止奴隸制度的《密蘇里妥協案》。

主張強烈的男人——林肯

和促成《堪薩斯內布拉斯加法案》的道格拉斯同時期，西部伊利諾州出現了共和黨的希望——亞伯拉罕・林肯。雙方對於奴隸制度的想法南轅北轍——敘述起來好像很簡單，但實際情況有點複雜。

相對於道格拉斯因為自由州增加，奴隸制度將要消失抱有危機感，林肯反對奴隸制度，卻不主張黑人和白人平等。

林肯是一位對輿論動向很敏感的政治家。對於北部和西部的人認為奴隸制度是違反道德的行為，林肯給予的評價是：這種情緒對人類來說很重要，主要是來自於與生俱來的正義感。但另一方面，林肯依然跟隨多數人的意見，反對黑人擁有與白人平等的權利。

一八五八年，在伊利諾州參議院議員選舉中，共和黨提名林肯為候選人，民主黨則派現任參議員道格拉斯迎擊。雙方在不同場合展開的多次激辯，史稱「林肯－道格拉斯辯論」。

林肯主張：「蓄奴在美國全境都是合法的，但是否採用奴隸制卻是由居民投票決定，兩者在邏輯上相互矛盾。」

而且林肯還對道格拉斯提出質問：「本應成為蓄奴州的地區在升格為州時，不就有可能因為居民投票而成為自由州嗎？」

對道格拉斯來說這是個很難回答的問題。因為伊利諾州支持自由州的人較多，若以想要當選參議員的角度來看，回答「否」會不利於選情。但從總統選舉來考量，回答「否」反而可以獲得南部的支持，有利於形勢；回答「是」狀況則會相反。

無論是回答「是」還是「否」，對道格拉斯都沒好處，所以他最後選擇不回答。即便如此，道格拉斯還是活用了現任的優勢順利連任。

林肯輸了選舉，但在和民主黨大人物正面交鋒的過程中使他聲名大噪，並以共和黨候選人的身分於一八六〇年的總統選舉獲得一百八十七萬票，擊敗一百三十八萬票的道格拉斯，當選美國第十六任總統。

當時的日本

在林肯和道格拉斯展開辯論的1858年，日本和美國簽訂《美日修好通商條約》。輿論對於簽署條約意見不一，但任何批評幕府政策的人都遭到大老井伊直弼打壓，開啟了史稱「安政大獄」的時期。

然而，此選舉結果開啟了美國新的考驗。

陸續脫離的南部州

在林肯確定當選總統後，屬於蓄奴州的南卡羅萊納州在州議會一致的贊成下決定脫離聯邦。之後，連佛羅里達州、喬治亞州、阿拉巴馬州、密西西比州、路易斯安那州及德克薩斯州也都陸續跟進。

《美利堅合眾國憲法》承認各州大部分的權力。也有人質疑州份因為意見不同就離開聯邦是否合理，但在憲法中並沒有相關的規定。

一八六一年二月，脫離聯邦的各州組成「美利堅邦聯」。由密西西比州的政治家，傑佛遜・戴維斯出任總統。其中，維吉尼亞州並沒有加入脫離的行列。維吉尼亞西部的人因為反對脫離，成立新的西維吉尼亞州留在聯邦。此外，在位於南部的北卡羅來納州等地方，也有反對脫離派。

美利堅邦聯堅信：「北部不得不承認我們的脫離，而且分開後應該也希望可以和我們保持良好的關係。假設這個計畫落空，我們還是有能力獨立管理國家，和北部抗衡。」

林肯在三月四日的總統就職演中指出：「對於實施奴隸制度的各州，我不直接或間接干涉，但任何州份都不能脫離聯邦。」以此表示在不允許南方分裂的情況下維持聯邦的決心。

終究還是開戰！

脫離聯邦的南卡羅萊納州，其外海有一個名為桑特堡軍事要塞。即使在南北對峙已成定局後，聯邦軍（後稱「北軍」）仍留在這裡。對美利堅邦聯來說，國內飄揚著聯邦旗並不是有趣的事情。聯邦必然會靠要塞維持運送糧食和援軍的管道。

然而，剛上任的林肯既不能百分之一百發揮其領導能力，又無法統一政府內部的意

南北對立

	北部（東部）	南部
生產商品	工業製品	棉花
主要勢力	銀行家、工業資本家	種植園經營者、大地主
國家體制	聯邦主義（中央集權主義）	州權主義（反聯邦主義）
奴隸制度	大範圍反對	贊成
支持政黨	共和黨	民主黨

人口（%）
1850萬人
900萬人中包含奴隸350萬人
工業生產（%）
15億美元
1.5億美元
動員兵力（%）
約200萬人
約85萬人

參考《最新世界史図説タペストリー》（帝国書院）製成

見，因此遲遲無法採取行動。在這樣的氣氛中，一八六一年四月十二月，美利堅邦聯攻擊並拿下桑特堡。聽到這個消息的林肯，因為有了開戰的正當理由：阻止想要維持奴隸制的美利堅邦聯脫離聯邦，而感到欣喜。

林肯著手召集北軍後，一直猶豫不決的維吉尼亞州，最終決定脫離聯邦，田納西州等州份也紛紛跟進。包含西北部的北部二十三州和南部十一州之間的南北戰爭，就這樣開始了。

南北開戰時的兵力，對北軍來說更為有

利。不過這本來就是理所當然的，畢竟聯邦的國家機能完整，脫離的美利堅邦聯還沒達到那種程度，而且聯邦的人口有一千八百五十萬，南部加上奴隸也才九百萬。此外，鐵路是以北部為中心發展，南部則尚無暢通的運輸路線。

聯邦的物資量遠遠勝過美利堅邦聯，但這場戰爭仍然打成持久戰。

原因在於，北軍中沒有夠格的軍事人才，因為北軍的將軍原本都是政治家，面對戰術就如同外行人；相反地，南軍集結了脫離聯邦軍的優秀軍人。在視作戰為本分的南軍軍人中，最具代表性的是羅伯特・李——李將軍。

不過，北軍總司令林肯是位優秀的戰略家。作為這場戰爭導火線的黑人奴隸遲早都得解放，但如果在戰況惡劣時施行，西部和西北部未必不會出現脫離聯邦的州份。北軍在開戰不久就陷入不利的情況，林肯只能等待時機。

開戰的一週後，北軍展開反擊。林肯封鎖港口，切斷南軍的補給路線。林肯還進一步將注意力放在南部地形，發現南軍將重要據點都集中在中心地帶。一八六二年之後，北軍著重於從阿帕拉契山脈和密西西比河分別往西方和東方推進，為的是占領南部的中心。北軍的尤利西斯・格蘭特將軍在這方面的作戰中嶄露頭角，陸續獲得勝利。

林肯的心事

一八六二年九月，林肯發布《解放奴隸宣言》。這是南北戰爭中的戰略之一，內容為「解放奴隸的準備宣言」。

林肯在這時決定「除了北軍掌控的地區，其他地方的奴隸都予以解放」。這是為了避免未脫離聯邦州份的奴隸所有者產生反彈。

另外，此目的是想藉由解放宣言，讓南部各州的黑人奴隸從種植園逃跑。

當時的日本

美國爆發南北戰爭時，日本正處在幕末的騷動中。尤其是在攘夷氣氛高漲的時期，發生了英國人因為橫闖大名隊伍的無禮行為遭到砍殺的「生麥事件」（1862年），以及英國艦隊為了報復此事而炮擊薩摩（鹿兒島）所引發的「薩英戰爭」（1863年）。

也有人解讀成，如果在南部獲得自由的黑人加入北軍，就可以將戰爭推向對北軍來說更為有利的局面。

一八六三年，林肯正式發表《解放奴隸宣言》。

在此前一年，林肯寫信給認識的新聞工作者，信中的內容為：「戰爭的目的不是解放黑人，而是為了拯救合眾國。如果不用解放任何奴隸就能拯救聯邦，那就不解放；若是要解放全部的奴隸才能救得了聯邦，那就只能解放。」

而且那封信還寫著：「我的信念並無改變，

我依然認為人生而自由，應該解放奴隸。」

同時，歐洲也關注著南北戰爭的戰況。也有因為貿易等管道與美國來往密切的英國從旁干涉的風險。

如果英國和美利堅邦聯聯手的話會如何？如果歐洲各國覺得美國的發展威脅到自己而送來軍隊的話又會如何？歷史沒有「如果」，但只要發生任一種狀況，或許都會將南北戰爭導向另一種結果。

當形勢明顯轉變成有利於北軍後，林肯認為要向海外各國呼籲：「現在正在進行中的戰爭不是政治鬥爭，而是有著解放奴隸的崇高目的。」因此準備好以金錢交換、解放奴隸的妥協策略，並透過將美利堅邦聯的反抗減到最低的手段，開始解放奴隸。

一八六三年一月，林肯宣布：「解放美國全境叛亂中州份的奴隸，使其獲得自由。」宣言中也寫明，將黑人奴隸編入軍隊，因此有近五十萬名黑人投入陸軍、海軍或其他軍務勞動中，為北軍的勝利做出莫大的貢獻。

民有、民治、民享之政府

在林肯發布《解放奴隸宣言》時，南軍的軍事費已經見底，戰況趨於劣勢。南軍的李將軍認為應該打破局勢，往上北侵賓夕法尼亞州。一八六三年七月爆發最大規模的決定性會戰——蓋茨堡之役。在炮彈交互穿梭的情況下，展開了為期三天的死鬥。

據估計，雙方的死傷者共計五萬人，最後的結果是失去三分之一軍隊的南軍敗退。同一時間，北軍的格蘭特占領了位於密西西比河的要塞維克斯堡。

同年十一月，在蓋茨堡舉行的哀悼陣亡將士追悼會上，林肯發表簡短致詞。致詞最後表示：「（在蓋茨堡殞落的人們）為了不讓那為民所有、為民所治、為民所享的政府，從這片土地上消亡（而獻出生命）。」這可以理解為用另一種方式重現《美國獨立宣言》，促使聽眾想起建國的精神。

一八六五年，在里奇蒙和亞特蘭大攻防戰中節節敗退的李將軍終於投降，南北戰爭在真正意義上已經結束。

在這場戰爭中，開始出現殺傷力高的步槍和大炮。此外，戰俘收容所的衛生情況惡劣，導致有許多人因為瘟疫而死亡。

林肯遭到暗殺！

在李將軍投降的五天後，發生了林肯在白宮附近的劇院遭到暗殺的事件。

林肯被演員約翰・威爾克斯・布斯從背後槍擊腦部，於第二天早上去世。開槍的布斯出生於馬里蘭州，是美利堅邦聯的支持者，在逃亡的十一天後被擊斃。據說他曾在射殺林肯後，站在舞台大喊：「這就是暴君的下場！」

因為此事件，戰勝的愉悅氛圍瞬間消逝，戰後的處理轉由副總統安德魯・詹森接手。出生、成長於南部貧困農家的詹森，在身為民主黨員的同時，不僅與蓄奴的種植園經營者作對，也反對州份脫離聯邦。

然而，繼任為總統的詹森，將重建南部的工作交給白人，改變了聯邦政府在南北戰爭後決定停止由白人來管理南部的政策方針。

詹森對於包含指揮官在內的南部白人相當寬宏大量，以回歸聯邦和解放黑人奴隸為條件，赦免這些人引起戰爭的罪刑，並陸續恢復州政府，舉行國會議員選舉。在這場選舉選出的南部議員可以出席國會議會。此外，各州議會還建立了史稱「黑人法令」的新規則。

「黑人法令」在承認黑人的財產所有權、結婚權等權利的同時，卻加入新的規定，包含禁止黑人與白人結婚，以及限制移動、行業選擇和土地所有等。

在黑奴解放，黑人可作為國民來計算後，以州份總人數來決定席次的眾議院增加了許多南部議員。結果害怕成為少數的共和黨，將從南部來的議員拒於門外，採用便於自己的南部重建政策。

但詹森總統否決了這項重建政策。一八六六年，通過了法律之前人人平等之類保障公民權的憲法（第十四條修正案）。

黑人的權利雖然擴大，另一方面卻促使反對派組成白人至上主義的組織——三Ｋ黨（英語為Ku Klux Klan，簡稱ＫＫＫ）。三Ｋ黨不僅迫害黑人權益，還針對改革派進行選舉妨害。即使以法律禁止三Ｋ黨，民間仍然陸續出現類似的團體。

一八七〇年，根據憲法（第十五條修正案）賦予黑人選舉權。黑人在南部各州參與選舉後，開始出現黑人議員和公務員，使免費教育等政策得以落實。不過，因為州法律，黑人的選舉權慢慢地受到限制。

使汽車普及的工程師

亨利・福特

Henry Ford

（1863～1947）

利用汽車的力量，使生活更為進步

十八世紀末，人們開始製造現今已經在生活中不可或缺的交通工具——汽車，但當時的售價只有富裕階層可以購得，一般平民之所以能買得起汽車，都要歸功於福特。

出生於密西根州農家的福特，因為想藉汽車之力使務農的工作更為輕鬆，開始著手研發以汽油作為燃料的汽車，並於1903年創立公司。經由反覆嘗試製作而問世的汽油汽車「福特T型車」，因為利用像輸送帶般的流程作業來組裝零件，得以高效率地大量生產，大幅降低成本和售價。

福特以利潤來提高勞工的工資，讓勞工也能買得起汽車。於是，經由福特的努力，汽車從有錢人的娛樂轉變為平民的生活工具。

chapter 5

第一次世界大戰

橫貫大陸鐵路完成

美國自獨立後，每當遇到「戰爭」，領土和經濟規模就會跟著擴大。在一八一二年至一八一四年的一八一二年戰爭中，和過去的殖民國英國之間的交易被迫中斷後，美國開始自己著手推動工業發展，東北部的鋼鐵業等行業因此變得相當繁榮。

在勞力短缺的環境下，工業機械化程度提高，美國藉此打下工業國的基礎。

不久後，因為國內銀行已經無法提供業者所需的資本額，美國決定允許英國和歐洲各國的銀行向國內投入大量資金。其中，最有趣的是美國和原殖民國英國的關係。美國獨立以後，雙方屢次相互對立，但只要戰爭一結束，就又馬上回到良好的關係。

一八六三年，南北戰爭正如火如荼時，美國國會通過《國家銀行法案》。在此之前的各州銀行，時常會因為無法負擔工業生產的資金而引發經濟混亂。然而，因為推動國家銀行發行美金等政策，經濟逐漸中央集權化。

隨著國家銀行的成立，陸續興起各種新產業，例如鋼鐵、產業機械、纖維、食品、石油、化學、電力及通訊等。在這樣的情況下，美國於一八六九年完成第一條橫貫大陸鐵路。

一八五九年，在林肯總統的指示下，開始建造從中部內布拉斯加州奧馬哈開始，連接至太平洋岸加利福尼亞州薩克拉門托的太平洋鐵路。

從兩端開始鋪設鐵路的工程耗費了十年，才在猶他州普羅蒙特里相互接合。太平洋鐵路有助於運送農作物、木材及鐵礦

石，為產業發展作出貢獻。

在一八八〇年代，美國陸續開通多條橫貫大陸鐵路。從南北戰爭時期到一九〇〇年歷經約四十年，美國超越英國成為世界第一的工業國家。隨著在工廠工作的勞工增加，都市發展也愈發進步。為工廠提供人力的都市，成為大型消費市場。

都市的居民開始購買過去得自給自足的食物和衣物。為了因應這些需求，百貨公司和連鎖商店誕生了，也出現透過目錄向農村進行銷售的業者。

從建國以來就高舉「自由主義」旗幟的美國，以極快速度成長為大國，企業間的競爭也跟著愈演愈烈。諷刺的是，在自由競爭下，卻產生所謂的「壟斷」。

威士忌、砂糖、牛肉等，食品業的競爭造就了贏家。部分贏家陸續收買其他公司，形成掌握整個業界的龐大企業。

為了確保這些財源，投資銀行應運而生。現今仍然相當著名的摩根家族，起初就是作為投資家、銀行家而遠近馳名。同一時期，摩根家族創立摩根財閥，全盛時期名下甚至掌握十家以上的鐵路公司等，對美國有著極大的影響力。

成為發明大國！

美國的十九世紀末，同時也是發明的時代。其中相當著名的人物，是一八七六年發明電話的亞歷山大・貝爾。據估計，在一九〇〇年前後，全美共有一百三十五萬台電話。最初廣為使用的不是家用電話，而是企業和工廠等的通信網。

交流發電機也是這個時代的發明。在出現交流發電機前，人們的日常生活都是依賴電池來維持電力。在交流發電機問世後，由於可以提供更多的電力，進而發展成以市區為中心向外供應穩定電力的系統。

除此之外，在達文波特夫婦創造出商用等級的馬達後，交通網因此更為進步。電車取代了會噴出大量煤煙的蒸汽火車，市區也隨之建構了電車交通網。順帶一提，蒸汽火車並非就此淘汰，而是「人搭乘電車」、「貨物裝載於蒸汽火車」。

表面光鮮亮麗，政治卻很腐敗

南北戰爭結束後約三十年間的時期，被稱為是美國歷史上最充滿夢想的「鍍金時代」。「鍍金時代」一詞是取自馬克・吐溫與查爾斯・沃納一同創作的小說《Gilded Age（鍍金時代）》。

從歐洲人的角度來看，之前不過是個農業國家的美國，已經搖身一變成為工業大國，達到經濟成長的目標。這樣的變化就連美國國民自己都無法完全適應。

以接任詹森職位，當選第十八任總統的尤利西斯・格蘭特為首所組成的美國政府持續採取曖昧不明的態度，在制止經濟自由發展的同時，也不打算嚴格取締。

此時，美國兩大政黨的性質開始改變。共和黨撤下反對奴隸制度和壓迫人權的招牌，成為為北部資本家爭取利益的政黨。儘管共和黨候選人持續當選總統，但由於和資本家相互勾結，政治愈發腐敗。在探討如何解決這個問題的過程中，共和黨內部產生了分裂。以南部為基本盤的民主黨成為少數在野黨，並步上共和黨的後塵。

消除開拓邊界

受惠於橫貫大陸鐵路，密西西比河以西乾燥地帶的畜牧業開始盛行。在大草原追趕、移動大批牛隻的「牛仔」就是活躍於這個時期。

一八七〇年代中葉，由於發明了有助於深耕的農機具，以及研發出抗乾燥的品種，就連西部也能從事農業生產。而且在可以使用鐵絲網後，耕地和飼養家畜簡單化，土地開發進展更為順利。

此外，國會也通過了推動西部開發的法令。包括一八六二年訂立的《公地放領法案》。此法案的內容為「給予耕作者土地」，類似日本奈良時代推行的《墾田永年私財法》。二十一歲以上的國民，只要在六十五公頃的國有地上居住並耕作五年，就能無償獲得這塊土地。這可說是實現美國夢的法律。

說到開拓，就不能不提阿拉斯加州。美國於一八六七年收購原本屬於俄羅斯領地的阿拉斯加，以一公頃五美分的價格獲得新開拓地。

西部開發對住在當地的印第安人來說是一種強行的侵略。自從建立殖民地後，雖說美國人偶爾也能和印地安人建立友好的關係，但基本上都是相互對立的。畢竟美國就是藉由奪取印地安人的土地來達成經濟發展。

據說在十九世紀中葉，印地安人的人口有三十萬左右，其中三分之二都居住在名為北美大平原的廣袤草原地帶，以狩獵有數千萬頭的美洲野牛維生。

一八九〇年，在南達科他州的傷膝河發生屠殺事件。美國騎兵殺死印地安蘇族約三百人。同年，美國政府宣布消除開拓邊界，意指白人可以定居於西部各地。

開拓邊界也使美國人產生了獨立自主的精神、自由平等的機會、民主政治乃至形成

民族主義的意識形態。可以說，美國的一切都體現在開拓邊界上。

移民的艱苦

在美國，移民經常成為問題。過去因為缺乏勞力，美國有數不盡的工作，也能以便宜的價格獲得耕地。若是簽訂一定期限的勞動合約，地主還會提供船費，完全就是開門歡迎移民的狀態。

從南北戰爭前的一八五一年至一八六〇年約兩百六十萬人、一八八一年至一八九〇約五百二十五萬人，到一九〇一年到一九一〇年約八百八十萬人，移民就像是翻倍遊戲般地增加。在耕地愈來愈少後，這些人成為都市的勞動力。

當時的日本

美國發生屠殺蘇族事件的1890年，日本正在舉行第一次眾議院議員總選舉。有投票權的人約45萬人，投票率達到93%。由板垣退助率領的立憲自由黨在這場選舉獲得最多席次。當時的日本內閣總理大臣為山縣有朋。

移民的出生地一開始都集中於西歐，但後來來自南歐和東歐的人愈來愈多。在這樣的情況下，出現了新的問題。

後來的移民遭到先來的移民歧視，被當成最底層的勞力。而且亞洲，尤其是中國來的移民也形成了其他問題。

清朝和美國簽訂天津條約（追加協定）後，美國開始接收來自中國的移民。來到美國的中國移民稱為苦力，主要工作是協助建造橫貫大陸鐵路。

當時的美國已經允許歐洲移民入籍，但並不承認中國移民。因此白人行使投票權，施加政治壓力，促使國會在一八八二年通過《排華法案》。此法案對於一八六八年開始的日本移民也適用。由於產業機械化，不再需要移民，而且移民還經常以低工資搶走白人的工作，導致排華運動在十九世紀末愈演愈烈。

隨著日本和美國在亞洲的利益衝突日益加劇，美國本地的種族歧視愈發明顯。一九一七年，美國拒絕日本以外的亞洲移民。到了一九二四年，終於連日本移民也全面禁止。綜上所述，美國為了保護自己的國民和先來的移民，縱使是自己先提出需求，卻又在移民太多時將其驅離。

勞工和農民也很艱苦

當經濟發展產生差距時，勞工運動就會如火如荼地展開。美國在建國時期，白人一律平等，也都擁有選舉權，沒有任何爭取權力的運動。但在南北戰爭結束後，勞工為了爭取加薪和工作保障，有時會發起激進的運動。

之後出現的經濟大蕭條（一九二九年）因為太過有名，基本上無人不知無人不曉。但其實在一八七三年至一八七九年，以及一八九三年至一八九七年間，美國也曾爆發恐慌。面對失業勞工聚集在紐約等都市尋求救助，警察以武力驅散的方式來應對。報紙等媒體對勞工的態度也很冷漠，認為他們的行為是受到國外社會主義者的煽動。

一八六九年，有一批人組成了支援勞工的勞動騎士團，並在全美召集成員。勞動騎士團帶領勞工進行罷工鬥爭，並在大部分的場合取得勝利，號召力因此愈來愈強，在巔峰期的成員人數甚至達到七十萬人。但由於行動有時過於激進，最終在資本家的反擊下衰退。

此後，於一八八六年組成以專業技術人員為主的ＡＦＬ（美國勞工聯合會）。ＡＦＬ的領袖龔帕斯採取藉由交涉來保護勞工利益的策略。在二十世紀初，成員達到兩百萬人。不過，非專業技術人員並沒有組成組織，因為做這些工作的人大多都是移民，即使被解雇，也還有很多遞補的人選。

另一方面，鄉村農民的生活和勞工一樣艱苦。南北戰爭後，農產品價格下跌，促使農民團結一致，以守護自己的生計。這些農民為了要求政府採取通膨措施，不僅收購農業機械工廠，還進行降低鐵路運費的交涉，並取得一定的成果。

此外，在各地也有數個農民聯盟成立並發起運動。這些組織整合後，於一八九一年組成人民黨。

最終朝向海外拓展

美國東、西兩側受海洋保護，南、北也沒有造成威脅的敵人，所以不必積極外交，也不需要強大的軍隊。當時主導國際社會的是英國，其以強大的海軍力量統治全世界的大海。

和英國關係密切的美國，由於提出門羅主義（詳見67頁），才得以推動國家內部的發展。

然而，在消除國內的開拓邊界，並開始在國外與歐洲列強爭奪殖民地後，美國開始出現應該朝國外擴大領土的聲音。

之所以會形成這樣的歷史背景，部分原因是希望透過對外擴張的策略，擺脫一八九〇年代因為經濟蕭條造成的經濟和社會動盪，而且此時的美國海軍也已經茁壯成長，軍事力量僅次於英國和德國，列為世界第三。

同一時期，由西班牙統治的古巴展開了獨立運動。在西班牙殘酷地鎮壓下，美國援助古巴的時機逐漸成熟。

一八九八年，以保護在古巴美國人的名義，停泊在哈瓦那海灣的美國戰艦緬因號發生爆炸並沉入海底。沉沒的原因不明，但因為煽動戰意的口號「勿忘緬因號」奏效，再加上企業的支持，第二十五任威廉・麥金萊決定向西班牙開戰。

美國不費吹灰之力獲得壓倒性的勝利，西班牙從古巴撤退。美國除了古巴以外，還占領了波多黎各。

這場戰爭延燒到菲律賓。菲律賓人對西班牙的不滿愈來愈高漲，美國藉此將西班牙軍趕出菲律賓。

同年簽訂《美西巴黎條約》，西班牙承認古巴獨立，並將菲律賓、波多黎各和關島割讓給美國。於是，美國成為高舉帝國主義（侵略他國並擴張本國領土的政策）的列強之一。不過在往後的十四年間，菲律賓仍持續不斷地發起獨立戰爭。

取得成績的麥金萊總統成功尋求連任，但卻在就任半年後，遭到無政府主義者暗殺身亡，由西奧多・羅斯福接任總統之位。羅斯福是活躍於美西戰爭的軍人，他在拉丁美洲國家強行推動以武力擴張領土的政策，即所謂的「大棒政策」。

連接大西洋和太平洋

羅斯福的重點注意對象為哥倫比亞的領地巴拿馬。美國在得知巴拿馬獨立的時機成熟後，策動並支援其脫離哥倫比亞獨立。接著美國和巴拿馬簽訂《巴拿馬運河條約》，運河在實際意義上成為美國的海外領土，可任意使用、開發。

當時的日本

說到1900年代初期的日本，就不能不提日俄戰爭。受到哈佛大學的同學金子堅太郎的請託，羅斯福總統在這場戰爭中作為日本和俄羅斯的調停人，成功為戰爭畫下休止符。此外，據說羅斯福相當喜歡《武士道》（新渡戶稻造著）這本書。

美國立即推動工程，並於一九一四年開通運河。如此一來，美國便能確保加勒比海通往太平洋的路線。

繼承羅斯福帝國主義政策的第二十七任總統威廉・塔虎脫為，不可能單用軍事力量壓制各國，因此開始提供這些國家資金，此外交政策稱為「金元外交」。

然而，金元外交實質上是一種滲透，即透過代替歐洲各國對拉丁美洲進行投資，加強美國對拉丁美洲的影響力。簡單來說，美國充分發揮金錢的作用，將拉丁美洲掌控在手中。

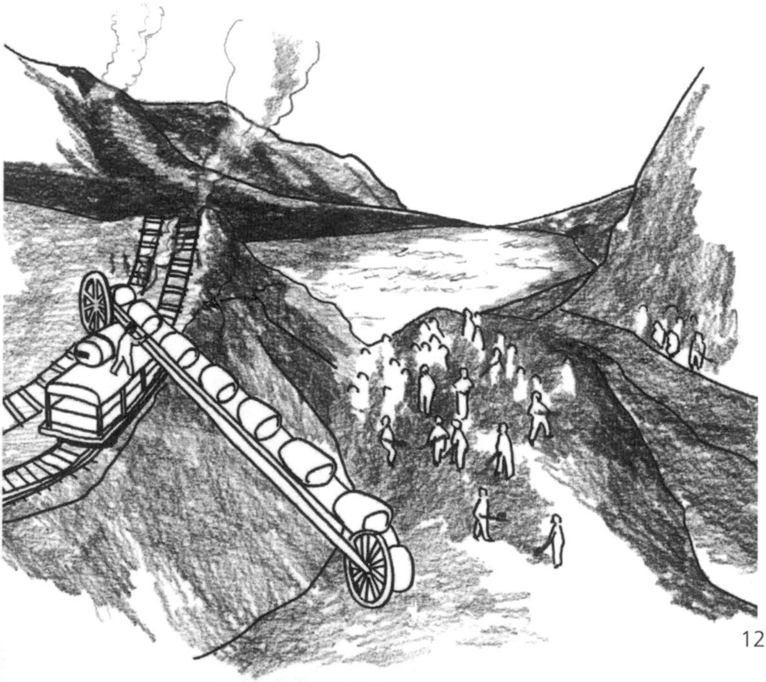

順帶一提，塔虎脫在就任前，曾於一九〇五年作為特使前往菲律賓。途中短暫停留日本時，與當時的內閣總理大臣桂太郎交換祕密備忘錄，主要內容為「美國同意日本統治韓國（大韓帝國），日本承認美國對菲律賓的支配權」。

在一九一二年的美國總統選舉，民主黨趁共和黨分裂之際久違地奪回政權。第二十八任總統伍德羅・威爾遜，認為美國的使命是將資本主義和民主主義傳播到全世界，因此主張拓展外交。後世稱之為「傳教士外交」。

另一方面，美國的政策始終認為必須開拓邊境，因此決定對海地、古巴、墨西哥等國家出兵，以獲得利益。不顧歷經三代總統的原則，也就是《門羅宣言》中所表示的「國內優先，不干涉他國」。造成這種情況的主要原因是，隨著可拓展的邊境愈來愈少，經濟也跟著停滯不前，最後只好向國外拓展。換句話說，美國和歐洲列強一樣陷入帝國主義的潮流中。

美國甚至展現出積極的態度，將本來只是為了阻止歐洲國家出手干涉的《門羅宣言》改為「若違反此原則，美國會採取必要的對應措施（開戰）」。此稱為「廣義解釋門羅主義」。

反省，然後改革！

在美國政府高舉帝國主義向國外發展時，譴責鍍金時代政治腐敗，反思社會荒廢、混亂的「進步主義」運動正蔓延到全國。

從十九世紀末到一九一四年的第一次世界大戰前後，美國社會的各領域都在推動進步主義。

國民因此跨越職業和社會地位的差異，加強團結意識，以納稅人的身分，針對與交通、瓦斯、電力等通貨膨脹有關的企業所做出的不正當行為提出抗議。此外，與這次的行動同步進行的還有市政改革，從而帶動州政治的改革。

進步運動是藉由民間團體的力量才得以推動，在得到市和州的支持後，運動逐漸擴展到全國各地。

具體行動上，進步運動透過展開援助貧窮地區的居民、提供以教育為主的生計支持和建議，以及預防肺結核傳染的啟蒙運動，改善都市地區的生活環境。同時也出現了贊同這些行動的企業家。例如被稱為「鋼鐵大王」的安德魯・卡內基和以石油發家致富的洛克斐勒都成立財團，並對醫學研究和教育普及有所貢獻。

因仇視德國而參戰

從歐洲發芽的帝國主義，逐漸蔓延到全世界，最終造成列強間的衝突，進而引發戰爭。一九一四年七月，第一次世界大戰爆發。

這個消息對全美國造成衝擊。大部分的美國人都認為，文明發展至今，照理說即使握有兵力，也不會直接開戰，因此面對可能回到人與人互相殘殺的時代此一情況，不禁感到擔心害怕。

對於認為歐洲各國患有帝國主義和軍國主義（依賴軍事力量治理國家的政策）病症的美國來說，當時除了中立以外別無選擇。

畢竟國內還有英裔、德裔、法裔的移民，加入這場德國、奧地利與英國、法國、俄國等國家的戰爭，對美國來說並不明智。況且來自各國的移民都希望可以恢復和平，並不願意投入戰爭。

然而，實際的情況是，美國透過和英國維持密切的關係，與歐洲國家建立關係。舉例來說，開戰後，以海軍力量占據優勢的英國，封鎖德國沿岸，沒收美國出口給德國的「戰時禁制品」。正常來說，美國應該要嚴厲地向英國抗議，但威爾遜政權卻默許了這件事。

之所以默許，是因為當時英國和法國受戰爭影響，物資缺乏，美國對這兩國的出口量愈來愈多，每個產業都成為蓬勃發展的「戰時特殊需求」。此外，美國政府積極貸款給英國和法國，並為其提供支援。藉由這場戰爭，美國從過去向他國借錢的國家，成為借錢給他國的國家。

戰爭開打後，歐洲戰況僵持不下，只是在互相耗損兵力而已。

一九一五年，德國為了打破僵局，開始進行無限制潛艇戰（以魚雷攻擊所有船隻的作戰）。

結果德軍擊沉英國客船盧西塔尼亞號，導致約一千兩百人死亡，其中包括一百二十八位美國人。美國國內因此掀起譴責德國的聲浪。

威爾遜向德國表達強烈的抗議，最後德國暫且停止此作戰方式，但一九一七年又再次實施。事情演變至此，美國終究還是向德國宣戰。

很顯然，開戰的主要原因是輿論一面倒向仇視德國，而

第一次世界大戰的關係圖

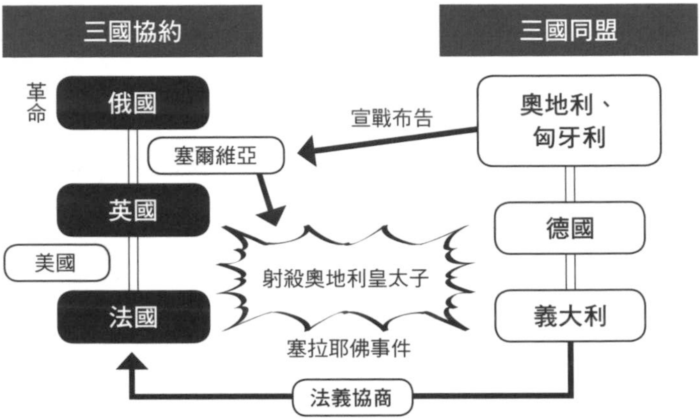

且大部分的國民都希望可以藉由戰爭，促進國與國的團結。此外，威爾遜為了達到其在參戰時的演講中所表示的目的：「實現正義與和平」，還參與了戰後的和平會議，同時也打算加強自身在會議上的發言權。

英國、法國和俄羅斯組成的協約國，經過長時間的戰鬥，已經疲憊不堪，但在美國送來物資和兩百萬兵力後重振。戰況因此一夕改變，協約國獲得最後勝利。

美國在這場戰爭共失去約十一萬人的兵力，據說有一半都是死於當時流行的西班牙流感。

戰爭使國家團結一致

參與戰爭對美國國內也有正面的影響，例如促進國防工業的發展，以及食品產量和出口增加等。美國政府在這段期間設立了戰時生產局，負責指導包含鐵路運輸等產業。政府幫助民間企業的政策，則由之後的羅斯福新政來接替（詳見148頁）。軍需工廠召集動員的女性也為勝利做出貢獻，威爾遜表示：「對於為了民主主義而戰的女性，沒有道理不給她們選舉權。」承認了女性的參政權。除此之外，黑人和西南地區的墨西哥裔美國人，也開始可以在和平時期無法就職的地方工作。

另一方面，威爾遜嚴厲對待任何提倡反對戰爭的人，甚至下令將疑似忠於祖國的德國人驅逐出境。而且規定不能演出德國歌劇院的曲目，有些地區也禁止德語教育，還將會使人想起德國的漢堡（譯注：漢堡一詞，是從德國第二大城市漢堡漢薩自由市衍生而來的。）改名為「自由三明治」。

威爾遜的挫折

威爾遜原本並不打算加入戰爭，但「為了彰顯和平自由主義，建立擁有和平秩序的世界」而決定參戰。一九一八年一月，威爾遜發表十四點和平原則，聲明內容包括廢除祕密外交、航海自由、公平公正地解決殖民地問題，以及成立國際聯盟以維持世界和平等。

因此，當威爾遜在參戰後得知英國、法國和俄羅斯私下簽訂多項祕密條約時，毫不留情批評了列強的野心，並與協約國劃清界線，對外表明美國是以「合作國家」的身分加入，導致沒有任何人願意站在威爾遜這邊。

在巴黎召開的和平會議上，英國首相和法國總理完全不想理會威爾遜提出的和平原則，只同意成立國際聯盟。

此聯盟在未來將會成為公然反德、反蘇聯的組織。造成這種結果的原因之一，是俄國在巴黎和會召開前爆發革命，列強為了得到俄羅斯帝國的利益出手干涉，導致戰爭持續不斷。

威爾遜回國後，面臨更大的考驗。以共和黨為首的勢力對於《國際聯盟公約》中的「同盟要相互阻止侵略國」持反對意見，理由是「配合他國的行動，會使美國的自由受到限制」。威爾遜為了這件事到處商談、勸說，在心力交瘁下因為腦梗塞而昏倒。他曾打算尋求三次連任，但民主黨在得知他的病情後，決定不提名他。結果，美國又回到過去的門羅主義。

一九二〇年，作為世界第一個國際和平機構的國際聯盟成立了，不過美國並沒有加入。此外，德國一開始也被擋在門外。聯盟內部充滿了問題，例如聯盟沒有自己的軍事力量、大會決議的事項需要全員意見一致方能通過（現實中不可能達成）等。當然，聯盟也沒有能力調停國與國之間的糾紛，以致於完全無法避免第二次世界大戰。

競爭對手——蘇聯誕生

在美國參與第一次世界大戰的一九一七年，俄羅斯帝國爆發二次革命。這場革命使美國人熱血沸騰，因為美國人認為俄國「沙皇專制制度」（君主制）的崩解，是推廣自由主義的第一步。

威爾遜最初參戰的理由之一就是「守護俄羅斯的自由，擊敗攻打俄羅斯的德國」。然而，二月革命組建的俄國臨時政府敗給德國，讓協約國大失所望。爾後，臨時政府被勞工和積極分子發起的十月革命推翻。解散臨時政府的是俄羅斯蘇維埃聯邦社會主義共和國（後稱為「蘇俄」）的政黨——布爾什維克。一九一八年，布爾什維克掌握政權。由於沒有國家理會其提出的「不割地，不賠款」原則，蘇俄只好獨自和德國議和，並藉此成功退出戰線，將精力放在穩定國政上。

在確立蘇維埃體制後，同時間忙於戰爭的英、法兩國，表示希望美國也能派兵干涉俄國革命。威爾遜在反對蘇維埃共產政權的同時，又期望俄羅斯國民能從自由主義中覺醒，因此並不積極以軍事介入。

但在一九一八年時，威爾遜為了救出在西伯利亞被俘的捷克斯洛伐克軍團，決定出兵，並開始軍事干涉蘇俄內戰。美軍在歐洲的戰爭結束後滯留於西伯利亞，期望俄羅斯內的反革命勢力能夠崛起，但最終希望破滅。美國於一九二〇年撤兵。

此外，加入協約國的日軍也和出兵干涉西伯利亞戰爭的美軍一起行動。日軍明顯打算占領滿州（現今中國的東北部），在美軍撤退後仍留在滿州，導致美國對其感到不信任，兩國關係一度緊張。這也是美國驅逐日本移民的部分原因。

二戰後，第三國際（國際性的共產黨組織）於蘇俄組成，德國國內的革命勢力受到影響。威爾遜反對以求償等理由將德國逼到絕境，但戰勝國無法理解他的用意。於是，各種想法相互交雜，且蘇俄沒有參加和平會議的情況下，建立了戰後的國際秩序。

祕密專欄

在美國的日本街

由漂洋過海來到美國的日本人所建，仍保留著歷史氣息的街道

十九世紀後半葉，因為土地和稅制的改革，導致日本地方愈加貧困，年輕人為了生計走向海外。

以下就來為各位介紹，由大約從一八八五年開始移居美國的日本人——日僑所形成的美國日本街。

據說位於洛杉磯鬧區的小東京，始於一八八五年茂田濱之助在這裡開了一家日本料理店，之後因為愈來愈多日本人陸續於這一帶開店而逐漸形成。在第二次世界大戰前，小東京是美國最大的日本街，約有三萬名日本人生活在這裡。但在一九四一年美國和日本成為敵對關係後，日僑被迫關在俘虜營。戰爭結束後，恢復自由的日僑回到已經化為廢墟的小東京，在一無所有的狀態下，開始重建街道。

圖為位於洛杉磯小東京的日裔美國人國家博物館。保管著日裔美國人來到美國後的照片和文件等。

隨著戰後日本資金的投入，這個地區成為觀光勝地。

現在的小東京與其說是居住區，不如說是一個可以享受日本飲食和文化的城鎮。

從小東京往西前進，還有一個名叫Sawtelle Japantown的地區。因為位於小東京的西邊，又稱為「小大阪」。是始於二十世紀的日本街，二〇一五年正式命名為「日本町」。

相較成為觀光地區的小東京，Sawtelle是居住在當地的日本人留學生和外派人員的生活場所。這裡除了有百圓商店和迴轉壽司等充滿日本文化的商店之外，還可以體驗到美國和亞洲文化，是一個時尚年輕的城鎮。

獨自飛越大西洋上空

查爾斯・林白

Charles Augustus Lindbergh

（1902～1974）

連續飛行超過26小時的超長距離

出生於瑞典移民家庭的林白，在內布拉斯加州航空學校和陸軍航空學校接受教育後，成為郵務專機的駕駛員。

1927年，林白準備和許多人一同挑戰「從紐約不著陸飛越大西洋到巴黎的飛行員，可以獲得2萬5000美元獎金」的奧特洛獎（Orteig Prize）。他和朋友募集資金，與技師設計出「聖路易斯精神號」後，於早上6點前，一個人從紐約機場起飛。

林白穿越惡劣的氣候，運用至今學會的駕駛技術，不眠不休地飛行，橫越大西洋後於隔天晚上10點降落在巴黎機場。此舉在航空史上寫下新的一頁。橫跨約3600英里（5760公里）的林白成為轟動一時的人物。他晚年還曾造訪日本。

chapter 6

第二次世界大戰

買房子！

威爾遜因腦梗塞長臥不起後，從一九一九年底到一九二〇年四月，總統不在崗位的這段期間，共有超過四千人的積極分子在美國遭到逮捕。被捕的人都具有打算破壞國家體制的「革命思想」。

大多數的美國人都堅決反對規範個人生活的共產主義思想，而且對於受到蘇維埃體制的刺激，就在這個自由的國家掀起革命之類的想法感到費解。

同時也帶起了其他風氣。暫時解散的三K黨再次復甦，這次的遊行示威，不僅要求驅逐黑人，就連移民、天主教徒及猶太教徒等都列為排除對像。導致部分城市的警察不得不出來指揮交通。

隨著機械化、自動化的發展，確立了現今每條生產線分工組裝的製造方式。汽車製造商福特藉此開始製造、販售價格低廉的汽車「福特T型車」，並成為半數以上的家庭都至少擁有一台的熱銷商品。

分期付款的系統也在這個時期問世，不只是汽車，連房子都能貸款購買。買了房子後可以讓人獲得富足感，而且身為人就會想要更滿足，因此形成了「因為商品賣得出去就不停生產，生產愈多賺愈多，接著再去買新的商品」的循環。

擁有更大發言權的美國

儘管美國沒有加入國際聯盟，但其透過終結戰爭，在國際社會彰顯存在感。而且因為日本，美國的發言權愈來愈大。

第一次世界大戰結束後，列強均暫停在中國擴張領土。但在日俄戰爭中擊敗俄羅斯，擠入列強之林的日本因為打算擴大在中國的利益，將軍隊留在當地。美國與英國勸告日本「住手」，但日本以一句「不知道」置之不理，導致日本和美英陷入緊張關係。結果，美國和其他國家也增加戰艦等軍力。

在這樣的情況下，美國第二十九任總統沃倫・哈定主張「縮減軍備」。一九二一年，為了商議「限制海軍力量」於華盛頓D・C・召開軍縮會議。對於此會議，哈定總統有兩個目標，其一是回應希望和平的國際輿論，二是提高美國權威。英國、法國、義大利、比利時、荷蘭、葡萄牙、日本、中國以及美國等九個國家，都有派代表參與軍縮會議。協商後的主要成果包括三個重要條約：《華盛頓海軍條約》、《九國公約》及《四國公約》。這些條約的內容皆由美國主導、確立。

在哈定之後接任總統的卡爾文・柯立芝也向各國呼籲世界和平。一九二八年，美國發起《非戰公約》，日本、德國、蘇聯等十五國都響應、簽訂。之後簽字國陸續增加至六十三個。

不過，此條約並沒有明確規定如何懲處違約國，所以無助於遏止戰爭。

此外，在德國付不出第一次世界大戰的賠償金時，美國的財務官查爾斯・道威斯對德國提供金援，以幫助其恢復財政。

華盛頓會議簽訂的3個條約

1《華盛頓海軍條約》

簽署國有美國、英國、日本、法國、義大利。決定五國的戰艦持有量總噸數（170萬多噸）比例為5：5：3：1.67：1.67。

2《九國公約》

九國全簽署。確立中國領土的完整，以及中國與其他八國之間的貿易關係。

3《四國公約》

由美國、英國、法國、日本簽署。主要用於維持目前亞太地區的勢力，並終止英日同盟。

而且在德國的經濟狀況每況愈下時，美國財務官歐文・楊還提出減少賠償金的構想。

在第一次世界大戰中，美國提供資金給英國和法國，英法兩國則在戰後用德國的賠償金來還債。於是，美國逐漸成為世界經濟的中心。在建立起新的政治、經濟體制後，國際情勢暫時趨於穩定。

黑色星期四發生了什麼事？

一九二〇年代，美國經濟一直處於良好的狀態。企業努力製造商品，消費者不斷購買這些商品，經濟因此得以蓬勃發展。從一九二六年到一九二九年，這段期間企業的股價已經漲到三倍以上，股市的投機熱潮不斷升溫，情況就如同泡沫經濟般。

然而，商品製造過多，總是會有賣不完的那天。因此開始出現商品賣不完，工廠停止生產，勞工的收入減少，變得買不起商品的惡性循環。此外，以分期付款購買商品的人，也逐漸沒辦法還清每個月的款項。

當這樣的不良風氣形成後，隨著企業用於援助德國的資金不斷減少，美國企業開始從德國撤資。

……於是，不祥的「黑色星期四」來臨了。

一九二九年十月二十四日星期四，陷入恐慌的投資者決定收回投資的金錢，賣掉手中的股票。此舉造成股價暴跌。

得知這件事的人都認為「再這樣下去，企業投資的銀行也會倒閉」，因此同時領出所有存款。結果導致銀行倒閉，進而使沒有銀行幫助融資的企業和工廠跟著停業。

就這樣，愈來愈多人失去工作。從這天起，許多美國人失去了一切。

在紐約華爾街發生的一連串不幸事故，不只影響全美，還蔓延到整個世界。開啟了後世所謂的「經濟大蕭條」。一九三一年，隨著奧地利最大的銀行聯合信貸銀行倒閉，混亂的情況也波及到德國。

德國無力支付賠償金，當時的美國總統赫伯特・胡佛提議，法國、英國等西歐諸國延緩一年支付積欠美國的債務，條件是這些國家也要讓德國延後一年再償還債務。

到處都是失業人口和乞丐

美國主要是以汽車產業來維持國人的生計，以下就從汽車產業的生產指數，來看經濟大蕭條對美國的影響。

一九二九年第二季度（四至六月）的汽車生產指數為100；「黑色星期四」過後，第四季度（十至十二月）急遽下滑到29・5。

第二年稍微回升一點，但仍然處於低迷的狀態。一九三二年第三季度（七至九月）跌到最低點14.5。就算製造了也賣不出去，工廠只好關門大吉，導致愈來愈多人失去工作。

從一九二九年末至一九三三年，在這四年間，美國總共有九萬家公司和超過九千家銀行倒閉。一九三三年的失業率攀升到百分之二十五，陷入每四人就有一人失業的異常狀態。

在美國主要都市充斥著賣掉以貸款購買的車子和房子，四處乞討的人。大部分美國人在一九二〇年代深信不疑的永恆繁榮，在這時完全崩塌。

現今美國的貧富差距也相當地大，可當時的差距程度非常不正常。占總人口百分之五的富裕階層，握有國民所得的三分之一，而且據說有八成的家庭沒有任何存款。

政府採取的任何措施，都沒能有效解決人民生活的危機。舉凡召集企業的龍頭，確保人民的工資和職缺、增加公共事業，創造就業機會、向銀行提供緊急貸款等，都只是杯水車薪而已。

捲土重來？要怎麼做？

在人民恐慌日益加劇時，美國政府於一九三二年舉行總統大選。民主黨候選人富蘭克林・羅斯福打敗現任總統胡佛當選為第三十二任總統。

在大選開始後不久，羅斯福就呼籲推行「羅斯福新政」即「捲土重來」。不過當下並沒有表示任何具體的策略。

在選舉進行的過程中，羅斯福聘請大學教授組成智囊團，聽取各方意見，一步步地組成一套大致完備的計畫。

在已經沒有邊境可以開拓以維持國家成長的現在，羅斯福並沒有將希望放在靠國民的力量恢復經濟，而是主張政府應該積極地提出各種解決政策。這就是國民支持他的原因。此外，儘管民主黨的議員席次增加，羅斯福還是選擇任命共和黨的革新派為主要閣員。在可說是國難當頭的時候，以此舉表示希望跨黨派合作。

在開始推動羅斯福新政的時候，羅斯福總統提出Relief（救濟窮困者）、Reform（改革政治制度和社會秩序）和Recovery（復興企業）之三Ｒ口號。一開始先關閉全國銀行，調查其資產狀況，只有判為良好的銀行得以恢復營業。一九三五年建立公共事業振興署，負責推動植樹造林，以及建設道路、學校、醫院等設施的公共單位，以增加新的就業機會。

除此之外，還調整各行各業的生產量，以防止物價下跌。針對農業方面的生產調整尤其嚴格，有時還會大規模丟棄已經收割的農作物，或殺死數以萬計用於食用的牲畜。

羅斯福新政並非全是限制事項，還有施行放鬆管制，例如為了活化經濟，終止避免大企業壟斷的反托拉斯法，並立法同意勞工成立工會及發動罷工等。

羅斯福還致力於重新開發美國全境。他著重於田納西河的發電廠和火藥廠，在此建造水壩，調解水流，並設立新發電廠，以改善周邊居民的生活環境。該工程還帶動林業、漁業、礦業的復興，開發出新的觀光資源。在提供低成本生產的電力給工廠後，美國在區域全面發展上取得良好的結果。

羅斯福新政成功？！

對於政府主導的羅斯福新政，也有人批評道：「美國明明是自由主義，完全無法認同這些政府要求全國一致的方針。」

尤其是那些即使執行羅斯福新政，景氣卻沒有復甦跡象的行業。由於法律保障勞權，頻頻發生罷工等事件，企業因此不得不出面處理。

對此羅斯福承諾，將為八百五十萬人以上的失業者提供就業機會，並開始提供退休金、失業保險，以及身心障礙者生活補助。而且還提高富裕階層的稅金，實現財富再分配。這些都是第二次羅斯福新政的內容。

第一次新政主要是政府和企業聯手重建社會；第二次則是由政府和工會聯合著手。

於是，過去完全傾向自由主義的美國社會，逐漸具備新的特徵。美國的景氣從一九三〇年代中葉開始慢慢恢復。在一九三六年的總統大選上，新政得到人民的認可，羅斯福獲得壓倒性的勝利。

話說回來，世界變得如何？

受到經濟大蕭條影響的，不只是前文提到的德國，在戰爭和國際會議上時常與美國合作的英國，也出現兩百七十多萬人失業等情況，遭受了巨大的損失。

一九三二年，英國召集包括殖民地的大英國協各國代表，於加拿大的渥太華舉行經濟會議。在這個會議上，大英國協確定將在經濟上團結一致，並決定採取組織內零關稅的集團經濟（Bloc economy）政策。法國也如同英國般，與荷蘭及比利時等國合作，實施集團經濟。

另一方面，德國和義大利因為無法加入英國或法國的經濟集團，又沒辦法靠一己之力使景氣復甦，導致國民的不滿愈發高漲。納粹黨及國家法西斯黨成了承接這些負面情緒的器皿。最後這些不滿的情緒將矛頭指向被人民排斥的英國和法國。

日本也和德國與義大利相同。由於與以美國為首的主要國家間的貿易關係，日本也受到不景氣的影響。還因為外匯市場已經在進行日幣和美元的交易，以致於無法避開經濟大蕭條造成的混亂局面。

綜觀日本、德國和義大利，會發現這三國的共通點皆為沒有殖民地（或殖民地不多）。如此一來，會發生什麼事呢？為了獲得殖民地，這三個國家只好往外侵略。

也有不受經濟大蕭條影響的國家，那就是在暗中積蓄力量的蘇聯。在許多國家苦於不景氣時，蘇聯正在為由國家統一管制一切的「社會主義國家」奠定基礎。因為蘇聯從作物的生產量到商品的價格，全部都由國家計畫、管控，而且和他國無任何貿易關係，自然就不受經濟大蕭條的影響。

此外，由於蘇聯在五年計劃中重點發展重工業和農業，國力大幅提升。隨著其他國家的衰退，蘇聯成為美國名符其實的競爭對手。

旁觀這些狀況的同時，羅斯福打算改善美國和拉丁美洲各國的關係。面對周邊國家，改變以往「大棒政策」和「金元外交」等居高臨下的態度，並承認古巴完全獨立，還收回駐紮在拉丁美洲各地的美軍。

一九三三年，南北美洲大陸各國召開「第七次泛美會議」。在這場會議上，羅斯福展現出友好的態度，承諾會降低進口關稅。

第一次世界大戰後建立的國際秩序，因為經濟大蕭條一度潰散。在緩慢重建秩序的過程中，確立了各國的立場。

而且隨著經濟遲遲無法恢復的國家開始出現不安分的動作，國際情勢變得愈加緊張。眼看世界又要再次爆發大戰，連任總統的羅斯福開始為此進行準備。此外，深知戰爭有利可圖的美國產業界，也慢慢地向政府靠攏。

無法避免的第二次世界大戰

上回大戰戰敗的德國，再度踏上戰爭的道路。

第一次世界大戰後簽訂的《凡爾賽條約》，明文限制德國的軍事能力。但德國趁著一九三五年世界因為經濟大蕭條陷入混亂之際，恢復徵兵制，宣布重整軍備。第二年還在與法國和比利時商定好的非武裝地區部屬軍隊。

阿道夫・希特勒所率領的納粹，就這樣將德國推向軍國主義路線。希特勒於一九三三年奪得政權，建立獨裁體制，並於隔年退出國際聯盟。一九三六年，希特勒與同樣成立獨裁政權的義大利總理貝尼托・墨索里尼合作。爾後，也和日本建立合作關係。

對此，英國和法國為避免戰爭，決定息事寧人。

在德國併吞奧地利的一九三八年，希特勒和英國、法國的首腦，在德國慕尼黑召開

第二次世界大戰開戰後的勢力關係

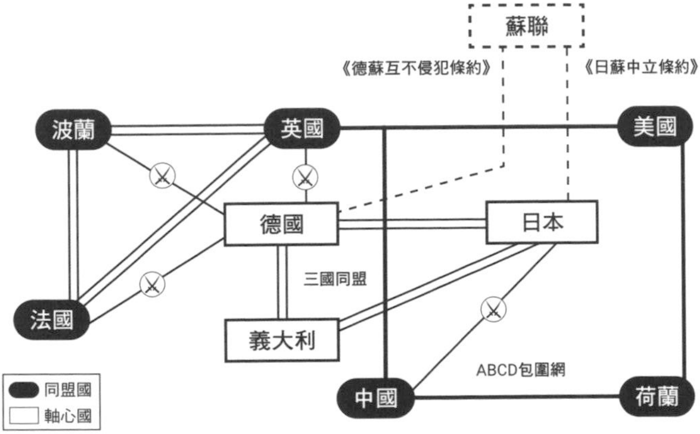

會議。

協商的結果為，英、法兩國允許希特勒併吞捷克斯洛伐克的蘇台德地區，但條件是德國不得再擴大領土。

此舉完全打破第一次世界大戰後各國協定好的「不侵略他國」原則，導致局勢完全失去控制。

然而，德國還是在一九三九年一月入侵了波蘭，促使英國和法國向德國宣戰，開啟第二次世界大戰。另一方面，羅斯福關注的不是大西洋另一頭的歐洲，而是以太平洋相隔的日本。

空襲！這不是演習

渴望資源和領土的日軍進入滿州，並於一九三二年建立滿洲國，此舉違反《九國公約》。美國對此表示不滿，但沒有任何實際上的行動。一九三七年，日本與中國陷入戰爭一觸即發的局面。

順帶一提，中、日之間的衝突沒有宣戰布告，所以叫做「事變」。若日本將之稱為「戰爭」便無法從美國買進武器。

美國到這時都還一直保持中立，不願自行開戰。一九三八年，隨著歐洲情勢愈發緊張，美國開始增加之前凍結的海軍軍力，藉此得以向被德國和義大利侵略的國家提供援助。

一九四〇年，羅斯福第三次當選總統。法國向德國投降，人民渴望更強大的領袖。同年九月，美國開始以十八至二十六歲的男性為對象，進行選拔徵兵制。同一時期，日本侵略法屬印度支那，德日意三國同盟成立。

隔年一月，羅斯福就言論和宗教自由、免於匱乏和恐懼發表演說，向美國人民解釋為什麼要參與戰爭。八月，在日本占領中南半島（現在的越南、寮國、柬埔寨）後，羅斯福禁止出口鐵和石油等資源給日本，並警告日本若不從中南半島和中國撤退，就不再提供以上資源。

一九四一年十二月八日，大量的戰鬥機襲向夏威夷珍珠港的美軍基地。據說當地人一開始還以為是軍事演習。

這是一場在兩個小時內，十九艘軍艦遭到擊沉，兩千人死亡的災難。珍珠港事件正式為美國的第二次戰爭，也就是太平洋戰爭拉開序幕。

為什麼要向日本開戰？

接下來稍微往前回溯，整理一下美日之間的歷史。

一八五三年，在美國第十三任總統米勒德・菲爾莫爾的命令下，時任美國東印度分艦隊司令官的馬修・培理來到日本浦賀，要求日本開國。第二年，雙方簽訂《神奈川條約》，日本開國。之後的十四年間，日本歷經幕末動亂後，迎來了明治維新。

美日到一九〇四年爆發日俄戰爭前都維持著良好的關係。但在日本打敗俄國，躋身列強後，雙方的關係就開始惡化。第一次世界大戰後，因為日本站在美國等協約國那方，關係再度轉好。

然而，在數年後，美國看到日軍在西伯利亞的所作所為，開始對日本感到不信任，進而在國內限制日本移民，導致雙方形成對立關係（詳見133頁）。

一九三二年，日本建立滿洲國，並於一九三四年立清朝最後的皇帝溥儀為滿洲國皇帝，作為傀儡政權。國際聯盟派李頓調查團了解日本在滿州的行動，最後裁定「日本在中國的一系列動作都不屬於自衛行為，因此聯盟不認同滿洲國的獨立」。

日本對裁定結果感到不滿，以退出國際聯盟表示抗議。在此之後，儘管美日雙方互不信任，但還是避免了決定性的衝突。

不過，在日本聲言協同滿洲國和中國建立「大東亞新秩序」後，美國將此看作是日本侵略東亞的企圖，並撤銷《美日修好通商條約》。

一九四〇年，日本立汪精衛為主席，於中國南京建立親日政府，美國因此與英國、法國一同支援抵抗日本的蔣介石。

日本看著盟軍德國的戰事，做好與歐美開戰的準備，並進攻東南亞。這個行動是為了補足欠缺的石油。美國對此採取的對策是凍結國內的日本資產，同時宣布禁止出口石油。且與在亞洲有殖民地的英國、荷蘭合作，連同中國組成ＡＢＣＤ包圍網，抵抗日本的侵略。

在攻擊珍珠港的前一刻，美日仍然在持續交涉。但十一月二十六日美國提出「赫爾備忘錄」，要求日本撤出中國及法屬印度支那。日本無法接受，決定開戰。

戰前已經考慮到戰後？

在珍珠港受到攻擊而加入戰爭的四個月前，羅斯福和英國的溫斯頓・邱吉爾首相於北大西洋上進行會談。當時因為德國攻勢猛烈、撕毀不侵犯條約和蘇聯交戰等因素，局面對同盟國來說非常艱辛。

羅斯福和邱吉爾針對如何結束這場戰爭，以及戰後要建立什麼樣的世界，進行為期數天的談話。一九四一年八月十四日，雙方就商議的結果對外發表聯合宣言，即為《大西洋憲章》。

在《大西洋憲章》中，美、英兩國宣布不擴張領土、擊倒納粹，讓人民從恐懼和貧困中解脫、恢復被剝奪的主權及自治權、戰後放棄武力守護和平等。

此內容將在未來成為戰後創立聯合國的基本精神。由此可見，心思縝密的羅斯福，在戰爭開始前就已經在考慮戰後的規畫。

另外，羅斯福同意開發核子武器，並從全美國召集科學家進行研發。美國的核武開發計畫，以當初設立研究本部的紐約行政區為名，取名為「曼哈頓計畫」。包含擅長數學的學生，共有十二萬人投入計畫，在極機密的情況下進行研究。

美國參戰！

美國的參戰，大大鼓舞了處於劣勢的英國和法國。美國還積極地奪回被日本侵占的西太平洋島嶼。

美國和日本間的決戰，是在一九四二年六月，於夏威夷諸島西北方小島附近海域進行的「中途島海戰」。和過去的作戰方式不同，這場戰爭是藉由搭載艦載機的航空母艦進行的空戰。歷經三天的戰役，美國獲得全面性的勝利，並給予日本主力航空母艦致命性的一擊。之後，美國陸續攻破塞班島及萊特島等日本的軍事基地。

另一方面，在歐洲戰線上，同盟國也開始取得優勢。一九四三年七月，美國和英國攻入義大利，兩個月後，義大利宣布投降。

除此之外，美國還挑戰第二次世界大戰中最大規模的軍事行動：從海上登陸攻打占領法國北部的德軍。登陸地點就選在諾曼地海岸。

一九四四年六月六日，隨著破曉的曙光，聚集在海邊的美軍擊敗奮力抵抗的德軍，順利於諾曼第登陸。這場戰役決定了第二次世界大戰後續的動向。兩個月後，同盟國解放遭到德國占領的法國首都巴黎，終於開始朝向德國本土進攻。

投下原子彈

一九四五年二月，在同盟國取得勝利已成定局時，同盟國的首腦在蘇聯召開會談。此會談以召開的地點為名，稱為「雅爾達會議」。

羅斯福、邱吉爾和蘇聯最高領導人約瑟夫・史達林針對戰後德國的處置，以及聯合國的構想等進行商議。這個會議同時也成為羅斯福的人生最後一件重要任務。

四月，希特勒於因空襲化為焦土的柏林自殺，德國無條件投降。

面對軸心國最後殘存的日本，美國於沖繩本島登陸，展開激烈的交戰。在戰事正關鍵時，羅斯福猝死，由副總統哈瑞・杜魯門繼任第三十三任總統。

杜魯門總統就任後，迅速和邱吉爾、

史達林於柏林郊外的波茨坦進行會談，決定結束戰爭的整體方向，並發表《波茨坦宣言》，要求尚在抵抗的日本投降。

不過，之後杜魯門自認為「日本不會投降」，於是下達指令，投下終於研發完成的原子彈。

八月六日、八月九日，人類史上第一次使用核子武器，廣島和長崎毀於一旦。八月十四日，日本投降，漫長的戰爭終於結束。

從數字看第二次世界大戰

就如同南北戰爭改變了美國社會，第二次世界大戰也影響了美國經濟、社會及政治。開戰後，戰車、裝甲車、航空器、登陸艇等的產量大幅增加，軍需產業充滿生機。

當時的日本

原子彈爆炸後，蘇聯軍趁火打劫，即使承諾《波茨坦宣言》，還是從北部入侵日本，陸續侵占千島群島。到九月一日為止，擇捉島、國後島、色丹島都被蘇聯占據，開啟至今都爭論不休的北方領土問題。

一九三九年前後，美國的失業率高達百分之十五，但在戰爭開打後，軍備工廠晝夜不停地生產，社會因此達到充分就業。而且只要出現勞動力不足，資方就會提高工資，延長勞工的工作時數，加班逐漸成為常態。許多勞工聚集在維持軍備產業的南部各州和西海岸。因為景氣好，結婚年齡提早，人口也跟著增加。

黑人也在戰爭中發揮出不輸白人的作用，社會地位因此逐漸提高，促使戰後馬丁・路德牧師等人推動民權運動。

士兵的數量又是如何呢？戰爭期間，美國徵兵一千萬人，加上自願者後總人數相當於美國總人口的百分之十二，也就是說，共有一千六百三十五萬人成為士兵。最後戰死人數超過四十萬人。在全民皆參與的狀態下，完全就是總體戰的戰爭型態。

不可不知的美國偉人❻

擴大藝術範圍的藝術家

安迪・沃荷

Andy Warhol

（1928～1987）

像是把玩具箱打翻的作品

沃荷是大眾藝術普普藝術的開創者。其將日常物品繪製成藝術品，打破以往以藝術為前提，傳達藝術家自身精神及訊息的框架。像是色彩繽紛的女演員瑪麗蓮・夢露肖像、常見的濃湯罐頭畫等。

沃荷出生於匹茲堡，曾在卡內基・梅隆大學學習繪畫和設計，畢業後，擔任商業廣告設計師。一九六二年，沃荷在個展上展示顛覆過去繪畫常識製成的作品，例如選擇過於庸俗的主題、於畫布上製作版畫等，反而還因此得到「富有前衛性」的評價。

其在之後仍以創新的配色和將尿液倒入銅顏料等新穎製作方式，不斷開拓新的藝術領域。

沃荷因為疾病於58歲逝世，但他在現今仍作為現代藝術的重要人物，受到大眾景仰。

chapter 7

冷戰和越戰

戰爭結束，那接下來呢？

第二次世界大戰後，羅斯福留下的遺產——新的國際秩序「聯合國」誕生了。只要看了聯合國的制度，就能知道這是以美國為中心成立的組織。

聯合國的總部設於紐約，在五十個會員國中展開活動。和前身國際聯盟間的差異，大致可分為以下三點：

①美、蘇兩國皆有加入；②擁有聯合國軍；③大會採多數決來決議（國際聯盟是全員一致同意）。

聯合國為了防備世界規模的戰爭，設立專門組織——聯合國安全理事會，由五個常任理事國和六個非常任理事國（現為十個）組成。

理事會的決策必須至少七國（現為九國）贊同，且常任理事國美國、英國、法國、蘇聯（後為俄羅斯）及中國（一九七一年開始是中華人民共和國）具有否決權。也就

聯合國安全理事會（現今）

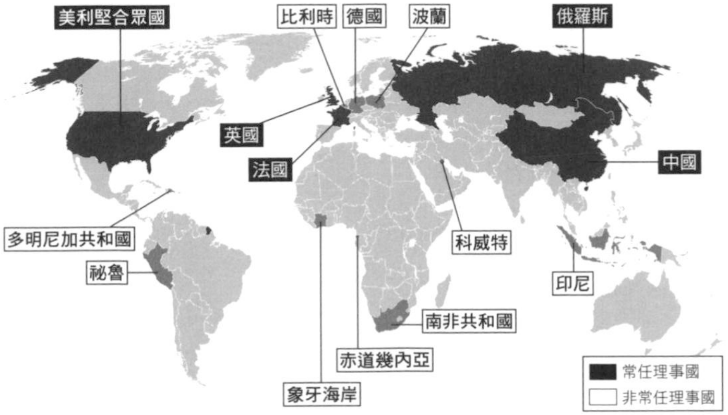

是說，五國中有一國反對即不通過。

剛完成預防大型戰爭的機制後不久，美國真正的敵人現出原形——蘇聯。

第二次世界大戰剛結束，蘇聯就和東歐各國組成結盟，並幫助中國社會主義化。這一連串的舉動，理所當然地為美國帶來強烈的危機感。

身為保障人民自由的民主主義國家的美國，與將人民控制在手中的共產主義國家蘇聯，光是國家的型態就大徑相庭，關係上當然也水火不容。

雙方對立的濫觴是英國的請求。戰後，

在東歐南部的希臘成為共產主義思想的防波堤。

一九四七年，負責此地區國安的英國，因為壓制不了希臘內部有蘇聯撐腰的反政府勢力，只好向美國求助。

杜魯門總統提供資金給希臘購置武器，並派將校前往支援鎮壓反政府勢力。同時也出手援助希臘的鄰國土耳其，擺出要從共產主義手中守護自由主義各國的態度。此稱為「杜魯門主義」。

同年，杜魯門發表提供歐洲各國（包含東歐）重建資金的計畫（馬歇爾計畫）。爾後，德國和法國等國以這些金錢為基礎順利重建國家。

蘇聯不僅排斥這個計畫，還為了慫恿東歐各國不要參加，使這些國家團結一致，成立共產黨和工人黨情報局。

當時的日本

日本投降後，放棄滿州、朝鮮等海外領土，且在之後大約七年間都處於美國的統治下。美國在沖繩等琉球群島設置軍事基地，直到現在都尚未撤離。美國占領期間，國際間也進行了制裁戰爭罪人的東京審判。

無法用於貿易的英磅

在蘇聯擴張勢力時，美國取代英國成為自由主義世界最大的領袖。那麼，英國為什麼會跌落神壇呢？

英國到十九世紀為止，都是世界的經濟中心。當時在進行貿易時，會將具有國際信用的英國貨幣英鎊作為基準貨幣。然而，因為在第一次世界大戰花費大量金錢在戰事上，英國的經濟能力下降，保障貨幣信用的金錢持有量愈來愈少，結果導致英國無力維持貿易系統。接著在爆發第二次世界大戰時，英鎊的信用低到無法作為貨幣使用。

有望取而代之的是美國的美元。在一九四四年於新罕布夏州布列敦森林公園召開的聯合國貨幣金融會議上，制定新貨幣體系及貿易體制的基礎規則，美元成為世界的基準貨幣。

具體規定有，決定各國貨幣兌換美元的匯率。採用一美元固定兌換多少各國貨幣的

「固定匯率制」。例如一美元等於三百六十日幣。

不過，之後爆發的越戰，導致美國的權威下降，美元的信用降低。且隨著對美出口的不安提高，出口國的經濟也跟著不景氣。由於以美元為中心的世界經濟變得不穩定，各國於一九七三年決定調整成浮動匯率制。

冷戰開始

一九四九年，以美國和英國為核心的北大西洋公約組織（NATO）成立。這是用來抗衡以蘇聯為首的共產主義陣營的軍事同盟。

隔年，北韓軍隊在獲得蘇聯的史達林和中國毛澤東的應允後，跨越北緯三十八度線（暫定的分界線），攻入大韓民國，導致韓戰爆發。聯合國軍為了援助韓國，進入朝鮮半島，美國將聯合國軍作為主力，與北韓軍隊（以及中國軍）交戰。三年後停戰，以北緯三十八度線作為交界，將朝鮮半島一分為二。這場戰爭又被稱為美國和蘇聯的代

冷戰開始時的國際關係

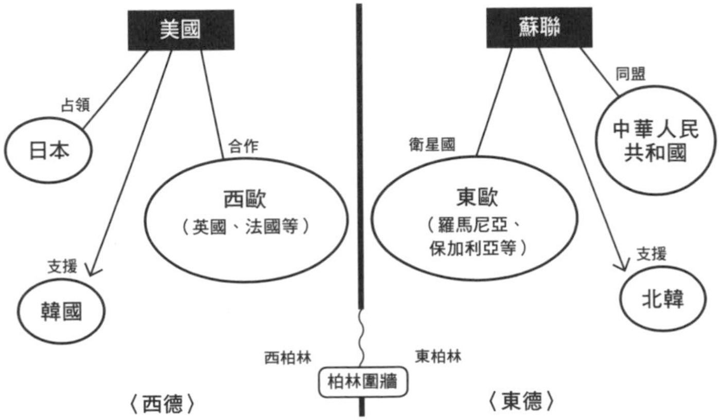

理戰爭。

一九五五年，蘇聯也為了團結東歐各國的軍事力量，成立華沙公約組織（WTO）。

美國和蘇聯並不直接開戰，而是採用在彼此陣營的國家或地區間產生糾紛時，以指揮軍隊或資金援助的方式進行鬥爭。於是，美國為首的自由主義陣營，以及蘇聯主導的共產主義陣營的極端對立（冷戰），逐漸影響到全世界。

美國和蘇聯不直接開戰的原因在於雙方都擁有核子武器。使用原子彈結束二戰的美國，在開發核武的同時，也驚訝於它的破壞力。而蘇聯也在一九四九年宣布成功開發核子武器。

也就是說，雙方的理由都是「核武會造成極大的損害，所以不能直接開戰」。

順帶一提，「冷戰」一詞之所以廣為大家所使用，是因為美國記者兼政治評論家沃爾特・李普曼，將此詞彙作為彙整報導之著作的書名。

受眾人羨慕的美國

第二次世界大戰結束後的十年間，美國成為世界物資最多的國家。且美國還針對一千兩百萬人的前士兵實施就業對策，並給予歸國的八百萬士兵獎學金，開啟這些人在高中和大學的學習之路。

勞工將第二次世界大戰時發行的債券兌換成金錢，生活水準得到提升，個人消費支出爆發性地成長。

工廠大量生產汽車以外的新型家電，例如冰箱、電視等，就連住宅建設的生意也很興隆，美國經濟比第一次世界大戰後還要繁榮許多。同時也大量生產支援海外的物資，提供給日本和德國等戰敗國。當時全世界都知道美國有多富裕，並對此感到羨慕不已。

美國農村地區也發生了變化。農業人口雖減少，但不只是棉花、玉米穀物，就連花生、水果和蔬菜等新作物都改為大規模種植。

在這樣的盛況下，美國人因此認為：「因為戰爭我們才能擁有如此富裕的生活，那場戰爭真是場好戰爭。」

同時也開始抱有「不能原諒不允許個人自由的共產主義思想」的想法。因此得知蘇聯在東歐的勢力擴大，加上生活周遭出現勞工聯合發動罷工時，美國人的內心不禁惶惶不安地想著：「美國是不是要被共產主義滲透了？」

政府也徹底遠離任何和共產主義有關的事物，並懲罰偏向共產主義的人。連好萊塢電影產業也受到政府的重點關注。政府將著名的演員和電影人叫到議會，當他們拒絕作證時，就會被判侮辱議會罪。來自英國的喜劇演員查理．卓別林，就是因此而離開美國的。

許多知識分子和改革派的政治家都因為「偏向共產主義」、「姑息共產主義」等理由被美國政府官員驅逐出境。由於共產主義國家的國旗是紅色的，此反共產主義風潮稱為「紅色恐慌」。

活用日本

面對共產主義，美國政府實施的對策是花費時間來擊倒的「圍堵」，同時也進行與此相對的「推回」。具體的行動是，介入受到蘇聯影響的周邊國家，使之擺脫蘇聯的束縛。

冷戰前期對韓戰的干涉，就是典型的推回案例。在韓戰期間，共和黨的德懷特．艾森豪，也就是第二次世界大戰諾曼第戰役的最高指揮官，當選為美國第三十四任總統。在艾森豪的指示下，擔任國務卿的約翰・福斯特・杜勒斯開始推動推回戰略。

韓戰停戰後，北韓和韓國的國內情勢走上完全相反的路線。一開始北韓的經濟狀況成功超越韓國，但之後卻出現逆轉的現象。

出現轉機的契機是，美國調整治理日本的策略。美國在經歷韓戰後，意識到「東亞地區的關鍵在於如何控制日本」。因此放棄繼續占領日本，決定讓其獨立，並將之納入自由主義陣營。

一九五一年，美國和日本簽訂《舊金山和約》，結束長達七年的占領。雙方也於同一時期簽署《美日安保條約》，允許美軍駐日。美國在韓戰時的物資需求，促使日本經濟大幅復甦。

當時的日本在一九六五年與韓國簽訂《日韓基本條約》，建立正式外交關係。韓國的經濟因此嶄露頭角，並持續發展到漢城奧運會。目前日韓關係中備受關注的《日韓基本條約》，可以說是美國當時的推回戰略之一。

與之相反，因為要保護獨裁者金氏家族，北韓無法改變體制，導致經濟以及整個國家都陷入低迷。

超越蘇聯

在持續冷戰的期間，美國和蘇聯同時也在競爭技術能力。一九五七年，蘇聯發射的人造衛星史普尼克1號，順利進入地心軌道。換言之，就是發射成功。

美國對於被蘇聯搶先一步感到震驚不已，但也不落人後，於隔年一月成功發射人造衛星，以此回擊對方，並在之後設立了美國航空暨太空總署（NASA）。

一九六一年，剛就任總統的約翰・費茲傑拉爾德・甘迺迪，宣布要在十年內登陸月球（阿波羅計畫）。八年後，阿波羅11號成功登陸月球。

太空探索除了承載人類的夢想，同時也是展示國家技術水平高度的計畫。此外還有研發飛彈的用意。

甘迺迪不擅長外交!?

繼艾森豪後，在一九六〇年舉行總統大選上，參與競爭的候選人是民主黨提名的約翰・甘迺迪和共和黨的理查・尼克森。由於雙方都是四十幾歲的青壯年，加上引進電視轉播，競選氣氛非常熱絡。

不過，因為「在各州得到最多選舉人票的候選人，可以奪

當時的日本

1950年代中葉以後，日本開始進入高經濟成長期。日本社會生機勃勃，充滿活力，對交通的需求也跟著提高。於是，日本於1959年開始建設新幹線，並於1964年開通東海道新幹線。同年還舉辦了東京奧運。

得對手候選人所有的選舉人票」這樣的制度，導致投票結果變得相當複雜。

相對於尼克森贏得二十六個州份，甘迺迪只有奪下二十二個，但得到的選舉人數分別是甘迺迪三百零一人，尼克森一百一十九人，因此最後由甘迺迪獲得壓倒性的勝利。若從總得票數來看，雙方差距僅有十二萬多票而已。

然而，在美國頗具人氣的甘迺迪，外交上卻總是失敗。

一九五九年，古巴成立革命政權，推翻美國扶植的巴蒂斯塔總統，由卡斯楚掌握實權。

兩年後，卡斯楚宣布古巴社會主義化。對此，逃往美國的古巴人為了擊倒卡斯楚政權，展開一場入侵豬玀灣的失敗作戰。這是美國外交上的一大失誤，甘迺迪老實地承擔責任。

同年六月，甘迺迪就核試驗和軍備縮減等想法，與蘇聯的赫魯雪夫主席進行會談，但最後以失敗告終。

八月，在蘇聯的主導下，東德於美國、蘇聯、英國、法國四國分割占領的德國柏林建造圍牆。對甘迺迪來說，迎面而來的盡是讓他丟臉的事。

一九六二年，證實蘇聯在古巴建立飛彈基地後，甘迺迪強硬地要求蘇聯撤除飛彈，並在公海上進行海上封鎖，阻止蘇聯船隻進入古巴。雙方核戰一觸即發，但蘇聯決定退讓一步，撤離飛彈。

因為古巴危機，美蘇關係拉近，雙方的行動逐漸傾向三和路線。第二年，為了避免核戰在偶然下爆發，雙方裝設（直接通話）的熱線。在英國加入後，締結禁止在地下以外的地方進行核實驗的《部分禁止核試驗條約》。

甘迺迪終於在外交上做出成績，卻在一九六三年十一月二十二日，於德克薩斯州達拉斯進行市內遊街時遭暗殺身亡。犯人是前海軍陸戰隊隊員的李・哈維・奧斯華。奧斯華在案發兩日後被殺死，從此無人得知暗殺甘迺迪的真相。

甘迺迪在古巴危機中採取的強硬手段，無意中導致美蘇關係緩和，進而促使兩國進行核裁軍。

在此過程中，筆者想補充一件很重要的事。

維護、管理核武要花費巨額的金錢，因此當時正處於矛盾地維護不能用的武器，以及雙方擁有的核武都已經超過所需數量的情況。在這個時候開啟裁軍會談，或許是再自然不過的事。

初嘗敗績

甘迺迪死後，副總統林登·詹森繼任總統。他開始推行老人醫療保險，以及低收入戶、身心障礙者的醫療補助政策，以提升聲譽，並於一九六四年的總統大選順利取得勝利，著手處理甘迺迪留下來的問題。

詹森總統重新正視自南北戰爭以來對黑人的迫害及差別待遇，並簽署《1964年民權法案》，同意黑人擁有跟白人平等的權利。至此，憲法裡寫的自由和平等，終於清楚載明於法律上，開創了新的里程碑。

在詹森時期，美國還有一件負面意義上的里程碑——越戰。

第二次世界大戰結束後的一九四五年九月，共產主義革命分子胡志明宣布，以越南北部的河內作為都市，建立越南民主共和國（北越）。從日本手中奪回這塊地的法國，為了再次讓越南殖民地化，不僅不承認這個國家，還在南部建立傀儡政權。

不過，胡志明在獲得蘇聯和中國的支持下，對法國展開反抗，歷經十年的戰爭，法國終於不敵撤退。

繼法國之後，南部誕生了由吳廷琰擔任總統的越南共和國。支持此政權的是美國總統甘迺迪，這也是冷戰結構下的產物。

在南部，蘇聯支持的越南南方民族解放陣線轉為游擊隊，進行反美活動。在此情況下，繼甘迺迪後成為總統的詹森，決心要「打倒北越使越南統一」。

一九六五年，詹森派美軍前往南越，開始對北越進行大規模空襲。此舉對美國而言，是一場惡夢的開始。

就算美國持續不斷地增援，戰況仍然僵持不下。

一九六八年，越南南方民族解放陣線鎖定農曆新年假

當時的日本

越南戰爭陷入泥沼，反戰運動在全世界蔓延時，日本發生第二次安保鬥爭。安保鬥爭一般是指1960年對於延長《日美安保條約》的反抗及騷動。但1970年也有一場保安鬥爭，涉及的人主要都是數年前就開始活動的學生，就連激進分子都參與其中，因此引起很大的風波。

期，展開大規模的攻勢，一口氣占領了美國在北越首都西貢的大使館。得知此情勢後，美國國內反戰運動蔓延，詹森因此放棄競選下一屆總統。

儘管美國之後捲土重來，派出約五十四萬的軍人，但在已經出現將近一半死傷者的情況下，卻仍未取得關鍵性的勝利，導致美國受到南越民眾、美國國內以及世界各地的譴責。

越戰時期的美國總統大選也是一場災難。

原本預定出來參加競選的甘迺迪胞弟羅伯特・甘迺迪，以及提倡黑人民權運動的馬丁・路德・金恩都遭到暗殺。最後由尼克森當選，而且在此後的一段時間，美國政府都是共和黨的天下。

尼克森總統面對陷入泥沼的越戰，決定以撤退作為解決對策。

一九七三年，美國和北越簽署和平協定後，從越南撤兵。這是有史以來美國第一次在戰爭中落敗。

尼克森因為竊聽下台！

越南戰爭在美國國內掀起巨大的浪潮，不僅引發反戰運動和女性解放運動，還逐漸改變美國人的價值觀。

尼克森在一九七二年，也就是在越戰期間前往中國和蘇連進行拜訪，目的是緩和長久以來和共產主義陣營之間的緊張氣氛。此態度獲得好評，讓他在同年舉行的總統大選上奪得勝利，但因為在競選活動中竊聽民主黨總部的事件，被迫下台。

此事件因為遭到竊聽的大樓名，被稱為「水門事件」。此風波受到媒體大肆的報導，使尼克森成為第

一位辭職的美國總統。

之後繼任總統之位的是當時的副總統傑拉德・福特。因為誠實的個性，被評價為「為飽受摧殘的美國帶來療癒」的福特，在決定赦免尼克森的罪刑後，讓人民對其感到失望。再加上越戰後的不景氣，導致福特在一九七六年的總統大選敗給民主黨的吉米・卡特。

認真的卡特和前演員雷根

卡特原本是喬治亞州的州長。在總統大選時的評價是「太過無名，手腕如何很難說」。但由於新鮮感、水門事件和想遺忘越戰等原因，受到人民支持。

卡特正派老實的個性，確實為美國外交帶來信譽。舉例來說，統整條約，歸還美國長期占有的巴拿馬運河（一九九九年移交）；在於一九七〇年代發生的第四次中東戰爭（贖罪日戰爭），促使以色列總理梅納罕・比金和埃及總統穆罕默德・沙達特進行會談，成功簽屬和平條約等。

不過，卡特在外交上也有表現不好的地方。例如在一九七九年開始的蘇阿戰爭以及蘇聯建立親蘇政權這兩件上，沒有採取有效的對策。而且因為抵制一九八〇年的莫斯科奧運會，令人民感到失望，以致於在同年舉辦的總統大選上敗給隆納・雷根。

雷根曾任藝人聯合會的委員長和廣播員，非常善於言語。據說他是在看到當時代共產主義者的行徑後，轉而成為保守派。雷根在擔任加利福尼亞州州長時成功進行財政上的改革，他活用當時的經驗，增加社會保障和軍事費用，擴大政府支出的同時，實施藉由減稅和放鬆管制來控制通貨膨脹的經濟政策（雷根經濟學）。

當時的日本

在雷根任職總統的時期，日本的內閣總理大臣是中曾根康弘。中曾根任職時間長，而且跟雷根一樣是保守派政治家，所以據說兩人有著非常深厚的信任關係。雷根在二〇〇四年去世時，中曾根還出席了國葬。

確實，表面上軍事費用大增，善戰的美國復甦，人民的生活也暫時穩定下來。實際上，因為原油價格下降，經濟好轉，在一九八四年的選舉上，雷根在民主黨候選人毫無威脅性的情況下再次當選。但隨著財政和進出口貿易持續呈現赤字，一九八七年發生了名為「黑色星期一」的股價暴跌事故。

在外交方面，雷根致力於與中國、蘇聯談話，並和開始在蘇聯進行改革的戈巴契夫總書記進行交涉，促使雙方簽屬《中程飛彈條約》。冷戰結束的時機終於成熟。

消滅蘇聯！

繼雷根當選第四十一任總統的是喬治・布希（父）。其任職的時期（一九八九至一九九三年）是美國史上，乃至世界歷史上前所未有的大變革時期。不僅東歐共產主義體制陸續崩解，柏林圍牆也跟著倒塌。最後，位於共產主義體制頂端的蘇聯消亡，宣告一個時代的結束。

一九八九年，剛就任的布希總統，在馬爾他島與蘇聯最初也是最後的總統米哈伊爾・戈巴契夫見面，相互確認冷戰結束。

此外，布希因為發動波斯灣戰爭（詳見193頁），於現代世界史上留名。然而，他在競選時表示不會提高稅額，結果卻背棄承諾的行為，引起人民的強烈不滿，導致他在一九九二年的大選上敗給民主黨的比爾・柯林頓。

柯林頓時期，美國迎來嶄新的繁榮時代。當然，最主要的原因是宿敵蘇聯的崩解。除此之外，網際網路興起，促使相關產業發展，加上銀行利息調低，刺激經濟活動，使經濟呈現長期繁榮的盛況。

成為世界上唯一超級大國的美國，開始插手以色列和阿富汗間的問題，以及南斯拉夫、北韓等各地的紛爭，但都沒有取得顯著的成果。

而且柯林頓因為和白宮女實習生有染的醜聞，導致政治生涯受挫。最終甚至走到總統彈劾這一步，好不容易才保住總統之位。

也有人認為，柯林頓只是因為經濟情況好才得以連任的總統。

過於複雜的中東問題

造成中東世界動盪至今的原因，無法用三言兩語解釋清楚。接下來的說明，將以一九四八年建國的以色列，和一九七八年至一九七九年的伊朗伊斯蘭革命為主，這兩者不僅對美國政治產生深遠的影響，而且也是持續到現今的問題。

原本居住在中東的猶太人（教徒），在基督徒較多的英國長期受到基督教的迫害之下，前往自由國度美國尋求新世界。於第二次世界大戰受到納粹迫害後，愈來愈多人選擇移民。猶太人的夙願是回到祖國中東。大戰後，經過聯合國大會的決議，以色列於一九四八年建國，但之後以色列一直和周邊的伊斯蘭教國家產生摩擦，甚至引發多次戰爭。以色列和埃及等部分國家建立良好的關係，但火藥味濃厚的情況仍然持續。

近年美國為了和中東各國的關係傷透腦筋，以色列作為唯一可以信賴的夥伴，和美國的關係愈發密切。

另一方面，伊朗是美國在中東最大的敵人，必須時常關注其動向。身為伊斯蘭國家的伊朗是由在伊斯蘭教中也屬於少數派的什葉派掌握主權，與多數派遜尼派掌握主權的沙烏地阿拉伯等國家的關係並不好。於是，基於「敵人的敵人就是朋友」的原則，美國和沙烏地阿拉伯也有著深厚的良好關係。

美國和伊朗的敵對關係，要追溯於七十年前，也就是一九五一年，在巴勒維國王統治的伊朗，穆罕默德．摩薩台首相將掌握英國資本的石油資源國有化。因為違反制度，摩薩台陷入被大眾指責的困境，決定投向蘇聯。同時，美國在背後策動政變，摩薩台因此下台。政變後的政權和美國維持著良好的關係。

然而，宗教色彩強烈的伊朗發生了革命，於一九七九年建立伊朗伊斯蘭共和國。革命領袖何梅尼創造了嚴格遵從教義的伊斯蘭國家，至今的伊朗仍沿用此體制。

從因革命逃亡的巴勒維國王得到的待遇來看，何梅尼斷定美國是幕後主使者。在這樣的情況下，伊朗發生激進派引起的大使館人質事件。當時的美國總統是以穩健派著稱的雷根。雷根試圖以軍事行動來營救人質，但最後以失敗收場。之後因為逃亡埃及的巴勒維國王過世，激進派失去占領大使館的意義，人質才獲得釋放。對於才剛就任的雷根來說，這是幸運的開始。

不只美國，伊朗也和周邊國家作對。一九八〇年，伊朗與鄰國伊拉克就邊境問題發動戰爭，其中也參雜著教派矛盾和經濟上的問題。同一時間在伊拉克，由熬出頭的軍人薩達姆・海珊掌握政權，海珊為了鞏固自己的地位，向社會因革命而動盪的伊朗展開攻擊。美國在這時對伊拉克提供援助。

在這場戰爭的過程中，名為真主黨的武裝組織，抓住美國在黎巴嫩的士兵作為人質。真主黨和伊朗關係密切，因此將向美國索取贖金的事交給伊朗。

問題就是從這裡開始的。當時雷根為了救出人質，同意向敵方伊朗出口武器。美國當時甚至將出口的收益，拿來支援南美洲尼加瓜拉反政府游擊隊「康特拉」。一連串

與美國有關的中東主要事件、紛爭

的指控曝光後，媒體將此報導為重大醜聞，雷根在道歉後設法解決了此事。

兩伊戰爭在一九八八年結束，伊拉克在兩年後以石油資源為目標，併吞科威特。美國為了讓科威特恢復獨立，對伊拉克展開攻勢，史稱波斯灣戰爭。沙烏地阿拉伯在這場戰爭中成為美軍的前線基地。

目前，伊朗的實力不斷增強，土耳其也在加強自身的存在感。二十一世紀後，連敘利亞也發生內戰，而俄羅斯在該地區的糾葛，使權力關係變得極為複雜。直到二〇一〇年代，美國仍持續在這些地區發動戰爭。

祕密專欄

軍隊編制和軍事費用

部屬在全世界的美軍，所耗費的軍事費用相當龐大

被譽為世界最強的美國軍隊，是由陸軍、空軍、海軍、海軍陸戰隊等四個軍種，以及編入這四軍作戰部隊的十大一體化作戰司令部所構成。軍隊總司令為總統，總統之下是國防部長，國防部長以下則設置各軍的參謀長和指揮官。

由步兵和裝甲戰鬥車輛組成的陸軍；藉由戰鬥機指揮聯隊的空軍；專門以戰艦、航空母艦、巡洋艦、潛水艦等進行海上攻防的海軍。軍政方面隸屬於海軍的海軍陸戰隊，作為一支橫跨陸、海、空的實戰作戰部隊，具有超群的緊急部屬能力。

一體化作戰司令部以管轄地區和功能來分類。負責中東和南亞的是中央司令部；肩負歐洲全區的是歐洲軍；負責埃及以外非洲各區的非洲司令部；擔負亞洲大部分區域的印太司令部；承擔加勒比海、中南美的南方司令部，以及保衛美國本國、加拿大、墨西哥的北方司令

國防預算	隸屬軍隊的人員	駐紮地

7160 億美元 （約台幣 21 兆元）	287 萬人 其中戰鬥人員約 214 萬人 非戰鬥人員約 73 萬人	7 大洲 共在 160 個國家活動

（資料來源：美國國防部HP）

美軍不光兵力，就連戰鬥機、戰車等裝備之類的都是世界最多。除了日本，也在許多國家設立軍事基地。

部，共有六個地域型一體化作戰司令部。

機能型共有四個，包含管理飛彈和轟炸機的戰略司令部；負責陸海空運輸的運輸司令部；指揮陸海空三軍的特種作戰司令部，以及二〇一八年晉升為一體化作戰司令部，負責網路空間的網路司令部（二〇一九年九月新增太空司令部）。

不同軍種軍官的階級也會有差異，但從上到下大致為上將、中將、少將、准將、上校、中校、少校、上尉、中尉、少尉、准尉、上士、中士、下士、一等兵、二等兵及新兵。

美軍擁有約兩百八十七萬的兵力。二〇一八年的國防預算為七千一百六十億美金，換算台幣約二十一兆元。順帶一提，日本二〇一八年的國防預算約五兆日圓（約一兆多台幣）。

爭取種族平等的牧師

馬丁・路德・金恩

Martin Luther King, Jr.

（1929～1968）

主張以言語和行動提出訴求，堅決不使用暴力

消弭白人對黑人的歧視，對美國來說是從殖民時期延續至今的課題。1968年遭暗殺者射殺身亡的金恩，在美國爭取黑人合法權利，並帶領眾人持續向政府表達訴求。

金恩於喬治亞州亞特蘭大作為牧師的兒子出生。在大學學習神學後，於阿拉巴馬州蒙哥馬利成為一名牧師。26歲時，曾領導抗議公車上白人優先政策，之後也作為組織領袖爭取黑人權利。學習率領印度獨立運動的甘地，貫徹以非暴力行動追求正義的態度。

「我有一個夢」——1963年，金恩在主張廢止差別待遇的華盛頓遊行上發表演講。至今仍持續不斷地向眾人闡述，不因膚色受人歧視，所有人手牽手自由生活的「夢」。

chapter 8

二十一世紀的美國

噩夢般的九一一事件

美國的二十一世紀始於政壇誕生出史上第二組的「父子總統」，以及史無前例的恐怖主義。

二〇〇一年九月十一日，恐怖分子劫持兩架民航客機，衝撞位於紐約曼哈頓的世貿雙子星大樓，兩座建築物均倒塌。這一幕經過電視新聞轉播後，轉眼間就擴散至全世界。

不僅如此，美國國防中樞五角大廈也遭到其他被劫持飛機的衝撞。其實恐怖分子還有劫持一架飛機，但由於乘客的機智反應，得以避免撞上國有建築物。無論如何，全世界都因此震驚不已。

新聞播報指稱這是「同時多起恐怖攻擊」，但喬治・布希（子）總統斷言：「這是戰爭，不是恐怖攻擊。」布希因為甫一上任就無預警退出制定溫室氣體排放基準的京都

議定書等自私的舉動，一開始並不受人民支持。不過其藉由呼籲美國人團結，加強了自身的支持基本盤。

藏身於阿富汗的奧薩瑪・賓・拉登被認定是恐攻主謀。布希總統向阿富汗要求引渡罪犯，並在對方拒絕後馬上派出軍隊。

以美國為中心的自願聯盟和阿富汗軍事政治聯盟組織「北方聯盟」，對當時統治阿富汗九成領土的反政府組織「塔利班」和恐怖組織「蓋達組織」進行猛烈的攻擊。

對阿富汗的戰役直至今日（二〇一九年）都還持續著。當初美國支援的北部聯盟雖然成為阿富汗政府，但卻無法順利讓國家安定下來。賓・拉登則於二〇一一年五月時，被美國海豹部隊發現並擊斃於其在巴基斯坦的躲藏地。

布希的失敗

在二〇〇三年的伊拉克戰爭中，布希總統也採取強硬的外交政策。攻打伊拉克的對外藉口是「伊拉克手握核武和生物武器等大規模殺傷性武器」，其實目的是打倒海珊政權。結果不僅沒有找到大規模殺傷性武器，在結束海珊政權後，伊拉克的民主主義也沒有得到發展，因此外界普遍認為這是一場失敗的戰爭。

布希還有其他外交上的失誤。首先是批評反對伊拉克戰爭的法國和德國，導致和歐洲各國（除了英國等部分國家）關係惡化。

再者是為了增加反彈道飛彈基地，布希違反尼克森總統時代和蘇聯的約定，陸續建造新的基地，加深與俄羅斯總統佛拉迪米爾・普丁之間的矛盾。

為持續在阿富汗發動戰爭的布希政權畫下休止符的，是經濟危機。

國際有時會使用「金融資本主義」一詞來描述現代美國的社會和經濟。過去的美國重視腳踏實地的工作，其實這才是理所當然的。然而，現在的經濟體系是以包含股票在內的各種金融商品交易為中心來建立的。

美國人經常因為工作變動或其他原因搬家，這時就會把房子賣掉，購入新的住宅。景氣好的時候，因為買方多，就能用比購買金額更高的價格轉手賣出。於是，買房子成為投資的一種。

因此出現了以低收入戶為對象的住宅貸款「次級貸款」。簡單來說，就是將貸款細分成數筆，如股票般可以買賣的金融商品。這種貸款的利息很高，但價格不會像股票一樣出現大幅波動，而且只要按時還清貸款，就能保證賺取利息。

不過到了二十一世紀，房價開始下降，利用貸款賺取利息的人逐漸無法負擔房貸，最終只好將房子脫手。這麼一來，購買證券的人也賺不到錢，證券交易公司因此陷入困境。

二〇〇八年，美國規模排行第四的證券公司雷曼兄弟破產。由於證券公司和銀行等機構關係密切，影響範圍廣泛，導致以美元兌換其他貨幣交易的外匯市場陷入恐慌。並和一九二九年的經濟蕭條一樣，蔓延到全世界。

此事件稱為「雷曼兄弟事件」。同年舉行的總統大選也受到極大的影響。

黑人總統！

美國總統登台時，經常會在出生等個人訊息前加上「第一位」一詞。戰後，吉米・卡特以「南北戰爭後第一位出生於深南部（喬治亞州）的總統」成為話題。甘迺迪則是因為「第一位天主教徒，同時也是愛爾蘭裔移民的後代」蔚為話題。

二〇〇九年當選美國第四十四任總統的是民主黨的巴拉克・歐巴馬，是「第一位黑人總統」。以上提到的，無論是南部出生者、愛爾蘭人還是黑人，都是在美國長期受到歧視的族群。現在的美國正逐漸從那陳舊的習俗中解放。

不過，在歐巴馬成為總統前，黑人就已經在政府擔任要職。布希（子）任職總統時，第一次任期的國務卿為非裔美國人柯林・鮑爾，就曾於波斯灣戰爭指揮作戰；第二次任期的國務卿是康朵麗莎・萊斯，為女性非裔美國人。即便如此，社會還是存在偏見，據說鮑爾被提名為總統候選人時，還因為害怕妻子遭暗殺而婉拒這個機會。

此外，歐巴馬並不是黑人奴隸的後代。其父親是肯亞人，母親是出生於堪薩斯州的白人女性。

歐巴馬因為在捷克布拉格演講時提倡「無核世界」，引起世界的關注，並獲頒諾貝爾和平獎。二〇一六年，歐巴馬成為首位在任期內造訪廣島（美國在二戰投下原子彈的地區）的美國總統。但他也因為任內允許核實驗而引人非議。

對就任總統的歐巴馬來說，最大的課題是處理雷曼兄弟帶來的影響。他著手降低向企業徵收的法人稅以促進就業，並實施以投資基礎建設和教育刺激景氣的政策，看起來是有一個好的開始。

不過經濟仍持續低迷，導致民主黨在第二年的中期選舉中流失選票。即便支持率不若以往高，歐巴馬仍然撤回在伊拉克的軍隊，解決布希時代的爛攤子，並成功推動歷代總統都做不到的《患者保護與平價醫療法案》（所有的國民均納入國家醫療保險）。這個俗稱「歐巴馬健保」的政策，雖然下任總統川普一直打算要撤銷，但至今都尚未廢止。

美國優先！這樣可以嗎？

二〇一六年美國總統大選，由共和黨的唐納・川普和民主黨的希拉蕊・柯林頓競爭總統之位，戰況一度難分難解。最後由喊著「美國優先！」口號的川普當選。

新總統的立場是，每事件都要先考慮美國，以美國的最大利益為優先，似乎沒有國際協調的概念。而且從選舉結果可以得知，美國人的想法正在改變。

全世界能做到參與世界各地的糾紛，無論是面對既狡猾又難以應付的對象，還是以大量物資（軍事能力）蠻幹的人，都能順利解決問題的，只有美國而已。但是，美國人或許已經不期望這樣的姿態。

川普總統甚至對接受移民擺出為難態度。到目前為止，我們看到的美國，在其兩百五十年的歷史中，陸續接納了異教徒、印地安人、黑人及移民等各式各樣的人，才成長為現在的樣子。

每當戰爭結束後，美國就會愈來愈強大。過程中也逐漸消除歧視，建立起如建國者理想般的自由平等的國家。因此，在第一位黑人總統誕生後，白人的總統竟向社會呼籲「美國優先」，並試圖在美國和墨西哥邊境興建圍牆，這簡直是太不可思議了。

不過這就是美國人，這就是美國。簡單來說，不受常規束縛，完成當下覺得是正確的事情。抱著如果失敗，那就從頭再做一次就好的理念在運行國家。

現今仍有如北韓般開發核武，並劫持他國人民的「無賴」，所以世界情勢往往不太穩定。二〇一八年，美國和北韓的首腦進行有史以來第一次的對談。一言一行都會引起關注的川普，到底在盤算著什麼呢？

此外，和美國水火不容的共產黨獨裁國家中國，就如同過去的蘇聯一般，正朝著鄰近國家伸出魔爪。

美國、中國，再加上俄羅斯，這三國的軍事力量不容小覷。世界的未來，和這三國的動向息息相關。

如果俄羅斯和中國也喊著「優先」（其實可能

只是不說而已），那國際社會會變得如何呢？

目前，美國和中國之間正展開一場「貿易戰爭」。因為進口額大於出口額，貿易呈現赤字的美國，在川普總統的主導下，對從中國進口的電視和汽車等商品加徵關稅。中國為了反擊，也對從美國進口的商品加徵關稅。因為中國的應對方式勃然大怒的川普，又再對其他商品加徵關稅……如此不斷地循環制裁和報復。

世界第一和第二經濟大國的鬥爭，當然連帶影響周邊的國家。從美國和中國進口的生活必需品或原料如果價格上漲，日本產業也會受到衝擊，甚至可能會影響景氣。

目前貿易戰仍沒有停止的跡象。雖然不太可能發生流血戰爭，但看樣子，就連在二十一世紀，還是有很多國家會被美國（和中國）的行徑耍得團團轉。

美國歷史 年表

此年表是以在本書提到的美利堅合眾國為主所製成的。

配合下方的「世界和日本大事」，更深入了解歷史的演變。

年代	美利堅合眾國大事
1492	哥倫布抵達美國海域
1497	亞美利哥・維斯普奇前往加勒比海探險
1607	英國建立第一個殖民地詹姆斯鎮
1620	五月花號抵達北美洲
1732	英國建造喬治亞殖民地，完成十三殖民地
1755	英法北美戰爭（~1763）
1767	訂立湯森法案
1773	波士頓茶葉事件
1774	召開第一次大陸會議

世界和日本大事

- 世界 西班牙占領格拉納達（1492）
- 世界 格瑞福蘭海戰（1588）
- 日本 關原之戰（1600）
- 世界 清教徒革命（1642~1649）
- 世界 光榮革命（1688）
- 世界 一六八九年權利法案（1689）
- 世界 西班牙王位繼承戰爭（1701~1714）
- 世界 七年戰爭（1756~1763）
- 世界 盧梭發表《社會契約論》（1762）
- 日本 田沼意次成為側用人（1767）

1775	美國獨立戰爭（～1783）；召開第二次大陸會議
1776	《美國獨立宣言》
1781	在約克鎮圍城戰役戰勝英國軍
1783	《巴黎條約》承認美國獨立
1787	制定《美利堅合眾國憲法》
1789	舉行第一次總統大選，華盛頓就任第一任總統
1790	首都遷往費拉德爾菲亞
1800	首都遷往華盛頓
1803	向法國購入路易斯安那
1820	達成《密蘇里妥協案》
1823	發表《門羅宣言》
1830	通過《印地安人排除法案》
1848	開啟掏金潮
1854	制定《堪薩斯內布拉斯加法案》

世界 法國大革命（1789～1799）

世界 俄羅斯使節拉克斯曼來到根室（1792）

世界 拿破崙遠征義大利（1796～1797）

世界 大不列顛及愛爾蘭聯合王國成立（1801）

世界 拿破崙稱帝（1804）

世界 神聖羅馬帝國滅亡（1806）

世界 拿破崙遠征俄羅斯（1812）

世界 巴西從葡萄牙獨立（1922）

日本 發布《異國船驅逐令》（1825）

世界 第一次土埃戰爭（1831～1833）

世界 愛爾蘭大饑荒（1845）

世界 三月革命（1848～1849）

年代	美利堅合眾國大事	世界和日本大事
1861	林肯就任第十六任總統，南部十一州脫離聯邦宣布獨立，南北戰爭爆發	日本 培理乘船來到日本（1853）
1862	發表《解放奴隸宣言》	日本 生麥事件（1862）
1863	蓋茨堡之役	日本 四國聯合艦隊炮擊下關（1864）
1865	南北戰爭結束；林肯總統遭暗殺身亡	日本 大政奉還（1867）
1867	向俄羅斯購入阿拉斯加	世界 蘇伊士運河開通（1869）
1869	橫貫大陸鐵路完成	世界 德意志帝國建立（1871）
1873	過度投資鐵路引起恐慌	日本 廢藩置縣（1871）
1877	結束南部重建政策	日本 西南戰爭（1877）
1881	加菲爾德總統遭暗殺身亡	世界 三國同盟（1882）
1882	通過《排華法案》	日本 伊藤博文就任首任內閣總理大臣（1885）
1886	法國贈送「自由女神像」	世界 召開巴黎萬國博覽會（1889）
1890	消除開拓邊界宣言	日本 公布《大日本帝國憲法》（1889）
1898	美西戰爭；將夏威夷列入領地	日本 甲午戰爭（1894）

1901	美國鋼鐵公司成立
1904	開始建設巴拿馬運河
1908	開始生產福特T型車
1914	巴拿馬運河建設完成
1915	盧西塔尼亞號事件
1917	第一次世界大戰參戰
1918	出兵西伯利亞
1919	召開巴黎和會
1921	召開華盛頓會議
1922	簽署《華盛頓海軍條約》
1924	通過《美國一九二四年移民法案》
1927	查爾斯・林白獨自飛越大西洋
1928	簽訂《非戰公約》
1929	黑色星期四（1929年華爾街股災）
1933	開始推行羅斯福新政

世界 雅典舉辦奧林匹克運動會（1896）

日本 日俄戰爭（1904）

世界 日韓合併（1910）

世界 辛亥革命（1911）

日本 明治天皇駕崩（1912）

世界 第一次世界大戰（1914～1918）

世界 簽訂凡爾賽條約（1919）

世界 籌備成立國際聯盟（1920）

世界 國家法西斯黨創立（1921）

世界 蘇維埃社會主義共和國聯盟建立（1922）

日本 關東大地震（1923）

日本 大正天皇駕崩（1926）

世界 經濟大蕭條（1929）

日本 九一八事變（1931）

年代	美利堅合眾國大事	世界和日本大事
1935	通過《中立法》	世界 阿道夫・希特勒就任德國總理（1933）
1941	通過《租借法案》，對日開戰	日本 中國抗日戰爭（1937～1945）
1942	啟動曼哈頓計畫	世界 第二次世界大戰（1939～1945）
1945	召開雅爾達會議及波茨坦會議，於日本廣島、長崎投下原子彈	世界 德日意三國同盟（1940）
1947	主張杜魯門主義	世界 諾曼第戰役（1944）
1949	簽署《北大西洋公約》	世界 德國分裂成東、西德（1945）
1950	韓戰	日本 日本無條件投降（1945）
1953	氫彈試驗成功	世界 籌備成立聯合國（1945）
1955	馬丁・路德・金恩牧師成為非裔美國人民權運動領袖	世界 以色列建國（1948）
1961	約翰・甘迺迪就任第三十五任總統	世界 中華人民共和國成立（1949）、北大西洋条約機構組成（1949）
1962	古巴危機	世界 韓戰（1950～1953）
1963	甘迺迪總統遭暗殺身亡	日本 舊金山和約（1951）
1964	通過《一九六四年民權法案》	世界 華沙公約組織成立（1955）

1969	阿波羅11號抵達月球
1971	尼克森衝擊
1972	揭發水門案
1975	越南戰爭結束
1984	洛杉磯奧林匹克運動會
1986	揭露伊朗門事件
1989	馬爾他峰會（宣布冷戰結束）
1991	波斯灣戰爭
1996	亞特蘭大奧林匹克運動會
2001	九一一襲擊事件、阿富汗戰爭
2003	伊拉克戰爭
2008	雷曼兄弟迷你債券事件
2009	巴拉克・歐巴馬就任第四十四任總統
2015	和古巴恢復邦交
2017	唐納・川普就任第四十五任總統

日本 簽訂《韓日基本條約》（1965）

世界 著手籌備歐洲共同體（EC）（1967）

日本 沖繩回歸日本（1972）

世界 蘇聯入侵阿富汗（1979）

世界 兩伊戰爭（1980～1988）

世界 車諾比核災（1986）

世界 六四天安門事件、柏林圍牆倒塌（1989）

世界 東、西德統一（1990）

日本 阪神大地震（1995）

世界 科索沃戰爭（1998～1999）

世界 處死薩達姆・海珊前總統（2006）

日本 東日本大震災（311大地震）（2011）

世界 敘利亞內戰（2011～）

参考文献

『世界歴史大系　アメリカ史 1・2』有賀貞、大下尚一、志邨晃佑、平野孝編（山川出版社）
『概説アメリカ史』有賀貞、大下尚一編（有斐閣選書）
『世界各国史　アメリカ史』紀平英作編（山川出版社）
『アメリカ政治外交史』斎藤眞、古矢旬（東京大学出版会）
『理念の共和国』本間長世（中央公論社）
『アメリカ憲法と民主制度』阿部竹松（ぎょうせい）
『アメリカ大統領の挑戦』本間長世（NTT 出版）
『フロンティアと開拓者』岡田泰男（東京大学出版会）
『列伝アメリカ史』松尾弌之（大修館書店）
『「人の移動」のアメリカ史』加藤洋子（彩流社）
『アメリカン・ヒーローの系譜』亀井俊介（研究社出版）
『20 のテーマで読み解くアメリカの歴史』鷲尾友春（ミネルヴァ書房）
『宗教からよむ「アメリカ」』森孝一（講談社）
『大統領でたどるアメリカの歴史』明石和康（岩波書店）
『アメリカ黒人解放史』猿谷要（二玄社）
『アメリカの時代』W・ラフィーバー　久保文明ほか訳（芦書房）
『アメリカの政治』アレン・M・ポッターほか　松田武訳（東京創元社）
『アメリカ社会と戦争の歴史』A・R・ミレット、P・マスロウスキー　防衛大学校戦争史研究会訳（彩流社）
『目で見る金ぴか時代の民衆生活』オットー・L・ベットマン　山越邦夫ほか訳（草風館）
『神の国アメリカの論理』上坂昇（明石書店）
『アメリカがまだ貧しかったころ』ジャック・ラーキン　杉野目康子訳（青土社）
『アメリカの誕生と英雄達の生涯』國生一彦（碧天舎）
『アメリカ太平洋軍』梶原みずほ（講談社）
『ストウ夫人の肖像』鈴木茂々子（ヨルダン社）
『発明戦争　エジソン vs. ベル』木村哲人（筑摩書房）
『新書アメリカ合衆国史 2　フロンティアと摩天楼』野村達朗（講談社）
『見えないアメリカ』渡辺将人（講談社）
『ベトナム戦争のアメリカ』白井洋子（刀水書房）
『アメリカ』橋爪大三郎、大澤真幸（河出書房新社）
『アメリカ食文化』ダナ・R・ガバッチア　伊藤茂訳（青土社）
『図説世界の歴史 10　新たなる世界秩序を求めて』J・M・ロバーツ　立花隆監修（創元社）
『詳説世界史 B』木村靖二、佐藤次高、岸本美緒（山川出版社）
『山川世界史総合図録』成瀬治、佐藤次高、木村靖二、岸本美緒ほか監修（山川出版社）
『最新世界史図説　タペストリー』帝国書院編集部編（帝国書院）
『アメリカ史重要人物 101』猿谷要編（新書館）
『アメリカの小学生が学ぶ歴史教科書』ジェームス・M・バーダマン、村田薫編（ジャパンブック）
『学習漫画　世界の歴史 14』遠藤泰生監修（集英社）

[作者]
関真興
1944年出生於日本三重縣，東京大學文學部畢業，曾擔任駿台補習班世界史科講師，現為專職作家。著有《貨幣改變文明：掌握貨幣就能掌控世界》（智富）、《史學專家的世界史筆記：畫對重點就能輕鬆了解世界史》（台灣東販）、《世界史是打出來的》等多本著作。

編輯・構成／造事務所
設計／井上祥邦
插畫／ suwakaho
協力／奈落一騎、荒川由里恵
照片／ Pixabay

極簡美國史

出　　版／楓樹林出版事業有限公司
地　　址／新北市板橋區信義路163巷3號10樓
郵政劃撥／19907596 楓書坊文化出版社
網　　址／www.maplebook.com.tw
電　　話／02-2957-6096
傳　　真／02-2957-6435
作　　者／関真興
翻　　譯／劉姍珊
責任編輯／王綺
內文排版／楊亞容
港澳經銷／泛華發行代理有限公司
定　　價／350元
出版日期／2021年2月

國家圖書館出版品預行編目資料

極簡美國史 / 関真興作 ; 劉姍珊翻譯. -- 初版. -- 新北市 : 楓樹林出版事業有限公司,
面；　公分

ISBN 978-986-5572-06-8（平裝）

1. 美國史

752.1　　109019413